青龙探秘

龙生九子守金山

柳儒田　张双林　张丁月　著

燕山大学出版社
2019·秦皇岛

图书在版编目（CIP）数据

青龙探秘 ：龙生九子守金山 / 柳儒田，张双林，张丁月著. —秦皇岛：燕山大学出版社，2019.12
ISBN 978-7-81142-881-0

Ⅰ. ①青… Ⅱ. ①柳… ②张… ③张… Ⅲ. ①民间故事—作品集—青龙满族自治县 Ⅳ. ①I277.3

中国版本图书馆 CIP 数据核字（2019）第 270805 号

青龙探秘——龙生九子守金山

柳儒田 张双林 张丁月著

出 版 人：陈　玉
责任编辑：唐　雷
封面设计：张丁月
出版发行：燕山大学出版社 YANSHAN UNIVERSITY PRESS
地　　址：河北省秦皇岛市河北大街西段 438 号
邮政编码：066004
电　　话：0335-8387555
印　　刷：秦皇岛墨缘彩印有限公司
经　　销：全国新华书店

开　　本：889mm×1194 mm　1/20　　印　　张：7.5　　字　　数：150 千字
版　　次：2019 年 12 月第 1 版　　印　　次：2019 年 12 月第 1 次印刷
书　　号：ISBN 978-7-81142-881-0
定　　价：68.00 元

卷首语

朋友，当你站在中国地图前，你会发现河北省秦皇岛市行政管辖区内有一个面积相当大的行政区域，它的名字叫青龙满族自治县。看到这个县名前有“青龙”二字，细心的朋友也许会感到疑惑，这个满族自治县为什么有“青龙”二字？难道这个县域有龙吗？要不然为什么起这样的名字呢？我于2017年深秋，受朋友的委托，来到位于青龙满族自治县东北70公里的三星口乡陶杖子村，实地考察了那里的旅游资源。我被安排在驻村扶贫工作队驻地房东家里，由驻村工作队负责宣传的张双林先生（秦皇岛市作家协会会员）与村民董万章先生给我作向导，陪同我考察数日，让我大饱眼福。我惊奇地发现，青龙满族自治县原来真的有“龙”，而且还有“龙群”啊。“龙群”队伍中不仅有“青龙”，还有“龙生九子”。这“龙群”在哪里呢？“龙群”就在陶杖子的“龙山”上。这些“龙”形体庞大，形态各异，神态逼真，简直就是中国特色的侏罗纪公园。

中国特色侏罗纪公园里的“龙群”，也许在数亿年前是有生命的活龙，不知数亿年前这里曾经发生过什么事件，目前展现在眼前的是天然形成的一道道石砬子“龙群”象形石地质景观。这些石砬子象形石，如一条巨大威猛的

“长龙队”，又如一道巍然屹立、崎岖嵯峨的“长城”横亘山梁，当地人称它为“石长城”。听村里人讲，这种“石长城”地质奇观，北起始于西北邻村南胡哈，东南延至龙王庙直至山海关，蜿蜒曲折，蔚为壮观。只是部分地段时断时连，唯有陶杖子这段，俨然一体，气势磅礴，为最高峰。整个“龙山石长城”景观包括东南三道沟村东南山的“老龙王”安睡，西至邻村南胡哈“龙尾”，总长大约20公里。那么，中国特色的侏罗纪公园里的居民们到底长得都是什么样？在这里在干些什么？为什么出现在这里？我根据实地考察的先后顺序及所见所闻，潜心研究后把它整理描述出来，编写成故事《青龙探秘——龙生九子守金山》。下面我就把这个故事讲给你听。

目 录

一、巍峨“长城”，“群龙”打造

第一天，我刚刚来到陶杖子片村孙家岭，从远处望东山上这海拔840米的连成一体的巍峨“石长城”，气势雄伟，令人震撼。但是，当我近距离观察它们时，这些“石长城”并不是连成一体的，而是由多个连续不断的石砬子组成。有的高五六十米，长数百米；有的高二三十米，长数十米。它们延绵不断，排成一列长队，伸向远方，望不到头。而当我走到陶杖子村东沟山梁中部，驻足细心观察这些断断续续的石砬子时，我不禁感到惊奇。这些石砬子的外形，好像一个高大威猛、气势汹汹、霸气凛然的“巨龙群”，排成一列纵队，前后簇拥，横卧在山梁上。“巨龙群”威风凛凛，形态各异，神态逼真。有的仰天长啸好像在宣示领土主权；有的怒目圆睁，好像在巡边查看；有的嘴巴大张，好像在吞咽什么东西；有的俯首翘尾，好像在腾空雀跃……千奇百怪，让我眼花缭乱。我不禁疑惑，提出疑问：这山上为什么有这么多形态各异的“群龙”呢？难道这里是中国特色的第二个侏罗纪公园吗？青龙满族自治县的“青龙”二字是否与这“龙群”有关呢？我带着疑问，回到驻地。第二天，去县城请教青龙满族自治县的文化学者李先生，问他：“青龙满族自治县为什么带有‘青龙’二字？”他是这样解释的：过去青龙有条河流叫玄水河，河里的水非常浑浊，颜色青黑青黑的，河流走向形状像一条龙，后改名为青龙河，于是就把这个县叫青龙县。我对这种解释仍有些疑惑，然后又去查找《青龙满族自治县志》资料，由自然地理概况到历史沿革，反复研读，查找我想要的东西，其中的资料是这样记述的：

青龙满族自治县自然地理概况是，县域地处东经118°33′～119°36′，北纬40°04′～40°52′，属于温带海洋性季风气候，因受海洋影响较大，空气湿润，气候温和，无霜期130天左右，四季景色宜人，年降水量720毫米，全年平均气温8.5℃，最低月（1月）平均温度-9.5℃，最热月（7月）平均温度24.2℃。陶杖子村位于青龙满族自治县城东北70公里三星口乡，距祖山镇40公里，距秦皇岛市区80公里，距承秦高速58公里，距秦青公路10公里。其所在县东与辽宁省凌源市、建昌县、绥中县相连；东南、南隔长城与抚宁区、卢龙县、迁安市毗邻；西南与迁西县搭界；西、西北与宽城满族自治县接壤，交通便利，区位优势明显。

陶杖子村所在县城地质基础十分古老，太古界为古陆，“吕梁运动”形成本区的结晶

龙队镇守金山

基底，同时也破坏了古陆的稳定性，使南部深陷，北部隆起，震旦系沉积数千米，震旦系末期地壳稍有上升，局部沉积浅海相的寒武系地层。中生界受“燕山运动”影响，形成皱褶、断裂，并伴有各种岩浆活动，形成各种矿藏。新生界受“喜马拉雅运动”影响，经地壳内营力和外营力的作用，演变形成了现代的地貌形态，山峦起伏，沟壑纵横。

陶杖子村北邻青龙河断裂带，走向北北东—北东向，倾向北西，倾角 60° ～ 70°，全长 70 公里，力学性质为压扭性，为境内主要断裂。本断裂带为基底型近期活性断裂，带中包括数条次级断裂（干沟—木头凳逆断层：走向北东东，南倾，全长 20 公里）。

陶杖子村西邻土门子断裂带，全长 70 公里，向东延伸至辽宁省境内。由近 10 条断层

仰天长啸

组成，挤压破碎明显。其中主要断层有吴杖子—西山根正断层，大仓—王杖子断层等（三星口—山东—南天门弧形中间南凸正断层：全长25公里，断层东端走向呈北东东向）。

青龙满族自治县历史沿革是这样介绍的：

商代：县境属于孤竹国。

西周：东境属燕国，西境属孤竹国。

春秋时期：属山戎国地，春秋末期，东胡吞并山戎。

战国时期：属燕国右北平郡。

秦：属右北平郡（郡驻无终，今天津蓟州区）离支县。秦末，匈奴吞并东胡，县境成为匈奴左地。

西汉：武帝元狩四年（前119年），西汉灭匈奴，县境属幽州右北平郡（郡驻平刚，今内蒙古宁城县境）。

东汉：属幽州辽西郡（郡驻阳乐，今辽宁义县西）。东汉末年，鲜卑族摆脱了对东汉王朝的依附，占据北方，县城为其统治范围。

三国：东境为鲜卑族聚居，西部属幽州右平北郡。

西晋：沿三国制。

东晋：前燕元玺元年（352年），鲜卑慕容儁建前燕后，西境属幽州右平郡，东境属辽西郡，前秦、后燕、北燕无改动。

南北朝：县境先后为北魏、东魏、北齐三国地。

隋：文帝开皇六年（586年），县境入新昌，十八年（598年），新昌易名卢龙郡。炀帝大业元年（605年），卢龙郡复为北平郡，后废北平郡属柳城郡（今辽宁省朝阳）。

唐：肃宗乾元元年（758年），改柳城郡为营州，县境属河北道营州。

辽：县境属契丹族势力范围。圣宗开泰二年（1013年）属潭州神山县，西境属平州安喜县。

金：废潭州，神山县入利川，遂属利川神山县，西境属平州安喜县。世宗大定七年（1167年），安喜县改称迁安县。

元：属辽宁行省大宁路神山县，西属永平路（驻地迁安县）。

明：太祖洪武年间，废神山县，县境分属中书省永平府抚宁、迁安两县，青龙境城属禁住地带，几无人烟。至清初前“居民每以田野为庐舍，或三家，或五家，户口畸零，难变牌甲”。

清：清圣祖康熙九年（1670 年），正白旗和正蓝旗从冷口占地开荒，建庄居住，世祖顺治元年（1644 年），清军入关，县境隶属直隶永平府。高宗乾隆二年（1737 年），在山海关设临榆县，县境分属临榆、抚宁、迁安 3 县。

中华民国：十七年（1928 年），直隶省改为河北省，县境遂属河北省。1933 年 6 月，日本侵略军占领县境，废都山设治局，建青龙县，驻地大杖子，属伪满洲国热河省辖。1941 年，抗日民主政权建立。1943 年，改为凌青绥联合县。1945 年 5 月，改称抚青联合县。1945 年 8 月，青龙解放，9 月在今县境成立青龙县临时行政委员会，1946 年，改为青龙县

龙嘴大张

政府，属中共热河省。1947年，属东北行政区，1948年3月附属热河省。中华人民共和国成立后，属热河省。1955年9月撤销热河省，改属河北省，县境属河北省承德专员公署。1983年5月，属秦皇岛市辖，1987年5月10日，撤销青龙县，建立青龙满族自治县。

经过调查了解，陶杖子村人类活动较晚，明代为禁地，清初才开始有人类活动，直至乾隆元年（1736年）后大垦荒时期，由逃难及流民来此垦荒定居下来，先由一两户、三五户，后逐年递增，形成山沟小片型自然村落，村落姓氏开始单一，后又陆续添加外来人口，逐渐繁衍，姓氏渐杂。建村历史300年左右。陶杖子村东西长约5公里，目前，该村由孙家岭、偏道沟、西沟、后沟、东陶杖子、西陶杖子、头道沟、东沟、黑沟、周杖子、刘家湾子11个片村组成。共计11个村民小组，散居在七沟三岔之中。全村380户，1340人，大部分年轻人外出打工。耕地绝大部分是山坡地，土地贫瘠，总计1450亩，山场面积约19980亩。如今耕地已承包每户，由于地处偏远，山地贫瘠，只靠种植玉米、谷子、大豆、高粱等耐旱植物，果树很少，生产资源匮乏，发展后劲不足，农民生活贫困，是“十三五”贫困村。了解了县志等资料后，我又从其他资料中搜寻，另有资料是这样记载的：

鸿蒙初开，天地一片混浊，盘古开天辟地后，阴阳共升，四象共尘，以筑天地乾坤，及至三皇五帝时，天灾泛滥，东青龙，西白虎，南朱雀，北玄武。护天下黎民，封神大战

光头龙

结束后，中国进入封建时代，青龙遂逐渐隐于人们视线。

春秋时为山戎国地，战国时属燕国，及至秦始皇统一六国，欲求长生，派遣童男童女求仙河洛，至秦皇岛，先师观东南有龙吟长啸之象，遂至求仙，未果卒此地。汉时属右平北郡，东汉属辽西郡，北齐入北平郡，隋分属北平郡、柳城郡，唐乾元年间，改属河北道管制，为柳城县地。辽开泰二年（1013 年），属中京道大定府潭州龙山县地。金为北京路大定府龙山县地。元属辽宁行省大宁路龙山县地。

至明朝，一代宗师刘伯温，开创出中华文明风水一脉，在做完九龙探江十八庙大阵后，推演出燕地必出帝王，推翻大明，明朝遂将此设为禁地。果不其然，公元 1644 年，清军入山海关，定都北京。因此，有奇人异士建议统治者建一州县以备后患，遂有青龙县，属永平府，为天下太平之意。

龙卧山梁

我从上述史料中很快发现，这青龙满族自治县县域曾是辽开泰二年（1013年）属中京道大定府潭州龙山县地，金为北京路大定府龙山县地，元属辽宁省大宁路龙山县地。县志史料又记载，辽圣宗开泰二年属潭州神山县；金，废潭州，属利川神山县；元，属辽宁省大宁路神山县。1933年6月，日本侵略军占领县境，废都山设治局，建青龙县。这里辽、金、元三朝都称这里是神山（龙山）县地，由此是否可以推演出这陶杖子东南山就是史料记载的龙山县的龙山，或者神山县的神山呢？或者是三皇五帝时东青龙、西白虎、南朱雀、北玄武中的“青龙”下凡之地呢？也许是历代帝王担心有人破坏龙脉泄露天机，威胁江山社稷，特将此地隐藏不记，淡出人们的视线，至今不告诉世人呢？而日本侵略者虽相隔万里，却把中国研究得如此烂熟，直接采用三皇五帝时的“青龙”二字呢？还是因为青龙河或者是因为龙山县，而建青龙县呢？（历史上的神山县的“神山”，龙山县的“龙山”如今在哪里呢？）

陶杖子东南山上的巨龙横卧在山梁，为什么千百年来它们静静地守护这里，而在其他地方看不到如此景观呢？我不禁又提出这样的疑问。于是，我拿起手机去质询这里的矿山个体老板刘先生：“刘老板，您好，这里原是铅锌老矿，您还继续开采铅锌矿吗？”刘老板告诉我：“不，我准备开采金矿。我已经请地质专家探测考察，这里原是国家的铅锌矿，矿脉在地层浅处，而在地层深处埋藏着大量的金矿。”啊，原来如此，难怪山上有这么多“巨龙”出现，原来它们是在看守着金山。随后，陪同的向导张双林先生讲起他所听到的民间传说：“亿万年前，这里原来是一片大海，各路龙王要聚集黄海聚会，有一支东海龙王率领的龙队路过陶杖子这个地方时，突然接到玉皇大帝的命令原地不动，保护金山，打头阵的龙队到渤海湾不久，正好赶上古大陆与海洋分离，分离后的龙队正好又遇到地球生物大灭绝，经过地质演化变迁，这支龙的队伍就变成了岩石。又经过好多年，接连发生地震、海啸等地质运动，有些岩石破碎风化变成土壤，有些比较完整地保存下来，陶杖子东南山这段是保存最完整的部分，其他部分已经面目全非。”听了张先生的故事，让我激动万分，更加着迷。回到驻地，天已逐渐黑下来，准备我的第三天考察，双林先生说带我去看“双龙”守门。

二、“双龙”守门，凶神恶煞

第三天吃过早饭，我们便乘车前往陶杖子东邻片村三道沟，尽管村中公路都是水泥路面，但由于路太窄，仅仅能单向行驶，大约 30 分钟，我们一行三人才来到三道沟里的目的地。车原路返回驻地，我们便慢慢走到“双龙”守门前，细细地观察起来。由于山沟狭窄，太阳还没有照到这里，显得阴森森的。只见“双龙”守门的门南面的“龙”高约 7 米，宽约 3 米，头高约 0.6 米，宽约 0.4 米。宽额头，长脸蛋，目光敏锐，注视着周边，简直就像一位威严的“将军”。“宽额头将军”头下面又有一张“憨厚的龙”的面孔注视着对面，成为一位“双面孔将军”，也许这“龙将军”善于变化，叫人揣摩不定，便于保卫工作。更奇怪的是在“龙将军”侧身上又出现一只“带羽毛的大鸟”。细细观察，这“鸟”头长，眼大，嘴尖，尾短，羽毛稀松，好像生活在侏罗纪时代的“翼手龙”，生动逼真，它怎么就贴在“龙”身边了呢？这到底是怎么回事呢？我不禁暗暗寻思。回头又望门北面的“龙头”。只见北面的“龙头”高约

双龙守门

40米，长约50米，宽约6米，整个“龙头”全由大小不等的石头砌成，大的石头重达数十吨，石头砌得大小得体，错落有致，格外壮观。“龙”的上牙坚挺锋利，排列整齐，下牙上有几只叠起的“乌龟”，上下颚之间好像含着巨大的“肉块”；南侧脸部有矩形“石门”，又像从上流下的“瀑布”；北侧脸部有“菩萨石像”。整个“龙头”好像侏罗纪时代的“暴虐霸王龙”，给人一种贪婪凶狠、杀气腾腾之感，让人望而生畏，不敢细看。而在“龙头”下面坐落着一处孤零零的瓦房院落，现在已是人去房空，显得格外萧条阴冷，我心想，住在这里的人胆量可真够大的，也许山里人早就习以为常，没看出它是什么怪物。我怀着高度紧张的心情，举起相机从各个角度摄了几张影，赶紧离开这个凶神恶煞，又沿着沟路向里面走，一边走一边回头望。当走到沟内大约100多米的小山坡时，再看这个“暴虐霸王龙”，头顶端好像一个“皇冠”，皇冠中部凸起，南面好似一副“棺材”，北面好像背靠着一位“老人”，形象逼真。不知“霸王龙皇冠”为什么这样设计。这时，双林先生好像看出我的疑虑，就跟我讲起村里有位见多识广的老人推测“一亿多年前，镇守在这里的‘龙群’好多个，因长期内斗，互相残

双面龙守门

翼手龙羽

宽额头龙

杀，最后，‘龙群’逐渐减少，后来赶上生物大灭绝，这个镇守‘龙门’的‘大嘴龙王’非常暴虐残忍，在临死前仍在贪吃，一口咬住‘翼手龙’，左右一摔，摔在对面的‘龙身’上，对面的‘龙’这时已经奄奄一息，没有张嘴的力气，‘翼手龙’就紧贴在对面的‘龙身’上，最后变成岩石，形成现在这个样子；而那‘大嘴龙’摔走‘翼手龙’后，仍挣扎着咬住几只‘乌龟’和另一只动物，由于‘肉块’太大，吞咽了好半天，也没有咽下，正逢生物大灭绝之际，尽管非常强壮，但体能耗尽，最后连嘴都没合上，张着大嘴死去了，形成现在这种景观。至于那‘皇冠’上的‘老人’和‘棺材’，这是玉皇大帝的安排，他预测将来人类会统治地球，但最后仍难逃一死，死后归宿就是装在‘棺材’里，警示人类要爱护地球，不然，就会尽早进入‘棺材’。也许这就是如今人类死后装入‘棺材’的

龙四子蒲牢

龙冠上老人和棺材

来历。”“哦，真是一个大胆的推测，听起来，还真的有鼻有眼，想象力蛮丰富的。”我接过话头，紧张的情绪稍有放松。于是，被好奇心驱使，我一边打量这“龙冠”，一边观察“龙冠”对面的山梁，依依不舍，又继续向回走，边走边看边揣摩，大约走了几十米，突然发现沟对面的山梁上怎么立着一个头上长角的“老龙王”。

三、“公龙”执勤，“母龙”安睡

我们走在山坡上，一边走一边观察对面山梁这个长着犄角的“老龙王”。这个“老龙王”的头高约 2 米，宽约 1.2 米，鼻梁凸起，络腮胡须，眼毛浓黑，双眼有神，目视远方，头顶犄角挺直，长约 0.6 米，看上去虽年岁已高，但却老当益壮，精神矍铄，是如此惟妙惟肖。“独角龙王”怎么出现在这里，难道它也在坚守岗位、监督执勤吗？我一边寻思一边拍照，又突发奇想，既然有“独角龙王”，那就应该有“双角龙王”，这才叫阴阳共生。于是，我转身继续向上攀爬，当走到不足百米的小山坡时，回头一望，距“独角龙王”约60米的山梁上，果然发现“双角龙王”躺在山梁上。“双角龙王”的整个身体长大约有50米，“龙头”长约2.5米，宽约1.3米，头顶两支犄角各约有0.5米，“龙”眼紧闭，鼻梁凸起，嘴巴微张，好像在打鼾昏睡。满脸皱纹，胸前双乳匀称，高约0.8米，表皮褶皱粗糙，看上去非常疲惫，老态龙钟。我忍不住问前面的双林先生。双林先生告诉我：“据当地老人讲，这仰躺着的‘老龙王’原是镇守这金山的‘老龙王’，因他长期坚守岗位，日夜操劳，累出了一身毛病，加上年老体衰，力不从心，‘龙群’内部经常打斗，纷争激烈，就把王位让给把守南天门的‘潇洒壮年龙王’，自己被尊为‘太上皇’颐养天年。而这‘独角公龙王’年岁偏小，体格健壮，目前仍在工作，就是我们现在看到的样

公龙望远

子。”“哦，原来如此，怪不得‘母龙’安睡，‘公龙’执勤，‘公龙’成了模范丈夫，还挺感人的。”我接过话头，激动异常，倍感神奇。这时，不知怎么回事，也许是见景生情来了灵感吧，脑海中突然闪现我看过的资料中关于“龙生九子”的传说。公龙独角，母龙双角，眼前这既有“独角龙”，又有“双角龙”，不正是“龙王夫妻”吗？而那位安睡的“双角龙王”不正是东海龙王敖广吗？在《西游记》中，有四海龙王，分别是：东海敖广，西海敖钦，南海敖润，北海敖顺。传说东海龙王生了九个儿子，长相不同，性格各异，各有所长。长子“囚牛”喜欢音乐，次子“睚眦”嗜好攻杀，三子“嘲风”喜欢好望探险，四子“蒲牢”喜欢鸣叫，五子“狻猊”好坐，六子“霸下”喜爱负重，七子“狴犴”喜欢诉讼，八子“负屃”好文，九子“螭吻”好吞。既然“龙王夫妻”在此，那它们的“九个龙子”是否也在这金山上呢？“公龙”目视远方，“母龙”那样安详入睡，面向西北方向是否在时刻关注着她的“龙子们”守护金山的情况呢？刚刚看过的“双龙”守门那“暴虐霸王龙”张开大嘴吼叫的样子，不就是她那龙四子“蒲牢”吗？蒲牢，平生好鸣好吼，洪钟上的龙形兽钮是它的形象。原来蒲牢居住在海边，虽为龙子，却一向害怕庞然大物的鲸。

当鲸一发起攻击，它就吓得大声吼叫，望以借此赶走鲸。人们根据其“性好鸣”的特点，“凡钟欲令声大音”，即把蒲牢铸为钟钮，而把敲钟的木杵做成鲸鱼形状。敲钟时让鲸鱼一下又一下撞击蒲牢，使之“响入云霄”且“专声独远”。如今，在全国各地，几乎每一口鼓钟上，都有蒲牢的身影。想到这里，我喜出望外，顿觉热血沸腾。既然有了四子蒲牢，那其他“龙子”又在哪里呢？也许好戏才刚刚开始吧。我一边寻思，一边拄着登山杖，继续向上攀爬，过了好一会儿工夫，我们边爬边望，当快接近山梁时，山梁上怎么出现了一支“逃难的队伍”？这到底是怎么回事？

四、“龙背老妇”，望眼欲穿

我们边拍照边观察。位于“大嘴龙”北山梁的“龙背”上，出现了一支“逃难的队伍”。只见队伍中有身背小孩的“母亲”，有招呼后面的“男子”，有一直向前走的“老者”，后面跟着驮着重物的“牛”“猪”“羊”等家畜。最引人瞩目的是排在队伍前面的“老妇人”。她头部昂起，望向远方，好像在期盼着什么。“他们为什么背井离乡去逃难呢？”我不断地在猜想：是否因为这里是金山，守护这里的“龙们”为了确保金山的安全，把这里变成无人区而驱赶生活在这里的百姓，而那位望眼欲穿的“老母亲”在期盼着远方的孩子早日团聚吧？接近山顶，我们已经累得气喘吁吁，我建议休息一会儿。于是，我们坐下喝了几口水，吃了点干粮。过了一会儿，我突然想起昨晚在《县志》中看到

逃难百姓

老妇望远

的关于县域山区至今仍然信奉迷信的内容：信奉迷信由来已久，根深蒂固。它以神灵、命运主宰一切为核心。旧时迷信表现形式一是信奉阴阳先生，建房、开门、垒墙、修圈、打井、立茔地都必须请阴阳先生选址定向，择吉日。订婚也必须合婚、择取，婚姻成败取决于压婚期有无事故，合婚中属相、八字是否相合。二是信奉巫婆神汉，每逢灾病，多请巫婆神汉驱邪祛灾，在巫婆神汉驱使下，烧香许愿、还愿。许愿形式有舍衣服、鞋帽，舍猪头，烧替死人，唱愿影，修庙，立旗杆等。供奉的神祇主要是狐（狐狸）、黄（黄鼠狼）、白（白蛇）、柳（蟾），俗称狐仙、黄仙、蛇仙、蟾仙。三是信占卜，如抽贴儿、拆八字、爻卦、看相等。新中国成立后，政府虽三令五申进行教育，但偏僻山村中，迷信行为仍不乏见。想到这里，我问了一下坐在我对面的向导老董：“老董，您是本村人，现在村民是否还在信奉迷信？”话音刚落，向导老董突然笑起来：“哈哈，这村里稀奇古怪的故事可多着呢。”说完老董望了我一眼，指了指我的脚，提示我说：“柳老师，你的鞋带开了。”“好，谢谢。”我急忙系好鞋带。

老董沉思一会儿便慢慢讲道：“这里仍然信奉迷信，那就从这鞋带讲起吧。我已经在村里生活一辈子了，前两年秋天的时候，有一天，有一位摄影的外乡人，在爬山回家路上

山顶小龙跳跃

发现一条花蛇，三米多长，很好奇，便把它拍了下来。回到村里，就把自己拍到的蛇让村民看，其中一位陶姓村民看后，笑了笑说：‘这蛇我认识。’‘你认识这条蛇，不是瞎说吧？’外乡人感到惊奇。‘不是，这是真的，太熟悉啦！’村民不以为意，态度斩钉截铁。‘那你是怎么认识的？说来听听？’外乡人进一步追问。陶姓村民皱了一下眉头，随后慢慢地说：‘说来话长，那是十多年前，咱这山沟太穷了，咱们老百姓靠上山刨点药卖到供销社，换点油盐钱。后来供销社又收购蛇，供给一些饭店用。我那天上山刨药就发现了这条花蛇，顺手把它抓住，用鞋带扎住它的头，恐怕它咬我，又把它放入水桶中，准备去供销社卖几个钱花。可当我提着水桶走出家门没多远时，感觉四肢麻木，浑身无力，头晕、胸闷、气短，就赶紧扭头往家走，好不容易回到家中，浑身那个难受劲儿就别提啦，差点没给我折腾死。我妈见到我这样，就问我怎么回事，我就把这事跟她一说。我妈哎哟一声，拍了一下手掌，你这是造的什么孽呀？你抓它卖钱干啥呀？那可是一条龙啊，这怎么得了？在哪儿抓的？赶紧送回去！于是我妈看我走不动，就让我哥提桶去送，我特意嘱咐我哥放回去时把那鞋带解开。可我哥当时看我这样子，心里紧张，在将蛇放回山上时，忘解鞋带了，回来以后也像我一样，胸闷气短，脑袋憋得又红又大，倒在床上直叫唤。我妈见了，吓得满脸煞白，急忙去找村北头的李大爷。这李大爷会针灸，村里人们都管他叫李大仙。正好李大仙在家，听我妈说明来意，便吩咐我妈，备足酒菜香火，到那山边供奉祷告一下。我妈便照着办了，李大仙又给我们哥儿俩扎了几针，待我妈回来后，我和我哥的身体逐渐恢复过来。从那以后，村里再也没有人抓蛇卖啦！’”

“哎呀，原来还有这事？”我急忙打断老董的话，惊奇地望着他。“嗨，村里稀奇古怪的故事多着呢。”向导老董不以为意。“要不我给你再讲一个。”“算了，别讲了，怪吓人的，我们还是赶紧走吧。”我站起身来，双林和老董都笑起来。我们继续攀爬，一边走一边拍，没走多远，只见西北山梁上一条“小龙”在跳跃，一对野鸡突然刷啦啦地在眼前飞过，又有一只松鼠在岩石上上蹿下跳，再回头望望“老龙王”安睡景观，已经显得有些模糊。大约又走了 300 米，穿过一片松树林，来到二道沟的山梁上，回头一望，怎么又出现一支“龙”的队伍，领队的“龙嘴”里怎么含着一盏“阿拉丁神灯”呢？

五、“嘲风”引路，“龙眼”通天

位于二道沟东南山梁上，卧着一个头朝西北的“龙头”，高约 11 米，宽约 4 米，长约 15 米，这“龙头”上扬，“龙嘴”微张，一盏上面带罩、下面有柱的“阿拉丁神灯”立在下牙床上。我一边观察，一边猜想：这也许是一个伸手不见五指的夜晚，巡边艰难，领队的“龙”想借“神灯”的光亮，更好地完成巡边任务吧。我们继续向前行走，边走边拍，当走到位于这只“口含神灯龙”的北部大约近 200 米的山梁上时，又遇见横卧着的另一支巡边执勤“龙”的队伍。领队的这一条“巨龙”，“龙眼”细长，高约 4 米，宽约 0.5 米，深约 20 米。双林与老董钻进去查看，发现两只“眼睛”东西通透，能顺着微弱光线看到对面，这也许就是当地人们常说的“龙眼通天”吧。距“龙眼通天龙”数十米的地方又有一堆椭圆形“龙蛋”，“龙蛋”的前面一群“海豚”在向北游去；“海豚”的下面一头硕大的“海猪”正在啃草。我们拍了几张照片，沿着二道沟北梁向下行走，我一边走一边思考，一边回头望那口含神灯的“领队龙”，“龙头”好像一只神鸟的大嘴张开，一边鸣叫一边东张西望……这时，我的脑海中突然闪过一个念头，这不是“老龙王”的龙三子“嘲风”吗？嘲风，平生好险又好望，殿台角上的走兽是它的形象。这些走兽排列着单行队挺立在垂脊的前端，走兽的领头是一位骑禽的仙人，后面依次为龙、凤、狮子、天马、海马、狻猊、狎鱼、獬豸、斗牛和行什，嘲风便是第二位。它们的安放有严格的等级制度，只有北

双林与老董站在龙眼中

龙三子嘲风

京故宫的太和殿才能十样俱全，这十只神兽，取义“十全十美”，次要的殿堂则要相应减少。嘲风，不仅象征着吉祥、美观和威严，而且还具有威慑妖魔、消除灾祸的含义。嘲风的安置，使整个宫殿的造型既规格严整，又富于变化，达到庄重与生动的和谐，宏伟与精巧的统一，它使高耸的殿堂平添一层神秘的气氛。但是，嘲风本身是灾祸的集合体，地震、海啸，都是嘲风的力量。传说嘲风是盘古的心。《渊鉴类函·鳞介部·龙》四引（明陈仁锡）《潜确（居）类书》：“龙生九子……嘲风好险，形殿角上。”想到这些，心中不禁暗喜，这时，我的身体越来越疲劳，双林说：“我们沿着这条沟下去往村驻地的方向走，咱们就从这儿下去吧。”我们都表示赞同，开始向下移动。当沿着山梁移动数十米时，突然发现前面山梁横卧着一头威武的“雄狮”正在酣然大睡，吓得我心惊肉跳。它又是谁呢？

六、“狻猊”站岗，虎视眈眈

我怀着紧张的心情向前挪动几步，细细端详。只见位于二道沟梁顶北侧横卧着的“雄狮”面向东南方向，鬃毛浓厚，肥头大嘴，紧闭双眼，酣然入梦，头高约3

龙蛋

海豚

海猪

米，体长约 14 米，身体肥胖，好像正处于壮年。我先后拍了几张照片，又继续向前攀爬，当快走近山梁时，发现右侧山梁一条满身鳞甲的“大嘴饕餮”双眼紧闭正在酣睡，回头向左侧一望，那肥头大嘴的“雄狮”怎么突然站立起来了呢？我突然惊慌失措，心跳猛然加速，浑身毛骨悚然，赶紧闭上双眼。过了好一会儿，感觉没有什么动静，心情慢慢平静下来，自己安慰自己，那只不过是块石头而已，何必自作多情。稳定了一下忐忑心情，细心品味，只见这位站立的“侧脸龙”，高约 13 米，宽约 4 米，怒目圆睁，虎视眈眈，宽鼻梁、大嘴巴、尖牙齿，似壮年“雄狮”，鬃毛浓密，满脸胡须，凶相毕露。看得我头脑发胀，不愿久留，但我又不断细细寻思，不断在记忆中搜索……啊！这满脸胡须的凶神恶煞不就是龙五子“狻猊”吗？对，就是它。我坚信我的判断。它高高地站立在山梁目不斜视，望着远方，好像是在站岗放哨，周围任何蛛丝马迹都逃不过它那锐利的目光。真是太敬业了，站在那里不分昼夜，腰板挺直，目不转睛，纹丝不动，我们人类都自叹不如。狻猊，又名金猊，形似狮子，排行老五，虽然相貌凶悍，但平生喜静不喜动，好坐，又喜欢烟火，因此，佛座上和香炉上的底部装饰就是它的形象。相传这种佛座上装饰的狻猊是随着佛教在汉代由印度传入中国的，至南北朝时期，我国的佛教艺术上已普遍使用。这种造

龙五子狻猊闭目养神

龙五子狻猊正面脸庞

饕餮闭嘴休息

龙五子狻猊，虎视眈眈

型经过我国民间艺人的创造，使之具有中国的传统气派，后来成了龙子的老五，它布置的地方多是在结跏趺坐或交脚而坐的佛菩萨像前。明清之际的石狮或铜狮颈下的项圈中间的龙形装饰物也是狻猊的形象，它使守卫大门的中国传统门狮更为峥嵘威武。狻猊也作为文殊菩萨的坐骑。如今，在文殊菩萨的道场五台山，还留着古人供奉狻猊的庙宇，因狻猊排行第五，这座庙又名“五爷庙”。想到这里，原来的紧张心情又好像被狻猊的敬业精神所感染，慢慢变得平静下来。随后拍了几张照片，继续沿左侧山梁向下走去。当走到山梁半腰时，双林向右手方向山的梁指了指，随口说道：“那是火龙洼，山梁上那两个家伙你看像什么？”

七、虎踞龙盘，哥俩值班

我顺着双林手指方向望去，只见火龙洼顶前面那家伙身体弯曲，满身鳞甲，头部高约 2 米，面向南方，双眼深陷，宽鼻大嘴，目视前方；腰部凸起，高约 12 米；“龙尾”高高翘起，高约 18 米；整个“龙身”宽约 4 米，长约 100 米，“龙体”完整，上下腾跃，在阳光照射下，金光闪闪，格外壮观。双林称它为“火龙”。在“火龙”前面，是一只卧着的“老虎”，这“老虎”头高 3 米，两眼微张，宽鼻，大嘴，尖牙裸露，好像在洗耳恭听什么。“为什么龙盘虎踞在火龙洼顶，这么形象逼真、生动感人呢？”我望着前面的双林先生随口问道。

双林先生皱皱眉头，随后说道：“这里原来曾经流传着关于它们优美动人的故事。据老人们讲，金屏山南天门北侧有一个山坳，当地人称为‘火龙洼’。远看‘火龙洼’西侧像立着三个人，东侧的像‘男人’，中间的像‘女人’，北侧的像‘小女孩儿’，‘男人’东面有一条腾飞的‘火龙’，这个‘火龙洼’里的‘火龙’，就是洞庭湖龙王的弟弟‘钱塘君’，西北侧向南望的就是‘柳毅’和‘小龙女’及他们的‘女儿’。这到底是怎么回事呢？

“事情还得从柳毅传书说起。柳毅原是湖北人，在前往长安赴考途中，在泾阳遇到一位美若天仙的女子在冰天雪地里牧羊。柳毅觉得奇怪，这样美丽的女子为什么在这里牧羊呢？不由自主地产生怜香惜玉之情，经多方打听，才知这位女子是洞庭湖龙宫的三公主，远嫁泾水龙王十太子。太子生性风流，娶妻之后没有进入过洞房，剩下三公主独守空房，日后又被翁姑欺凌，责罚她到既降雨又降雪的草地牧羊。慑于龙王声威，三公主不敢传书回家求救。柳毅了解情况后，义愤填膺，打抱不平，决定放弃科举，返回家乡送信，解救三公主。但洞庭君碍于与泾阳君多代姻缘，息事宁人，装聋作哑。钱塘君是小龙女的三叔，火暴脾气，得知侄女受欺凌后，勃然大怒，便化作巨龙直奔泾河而去，与泾河龙王大战半日，打败了泾河龙王，救出了小龙女。但在大战过程中，造成水患，弄得生灵涂炭，玉帝知道后大怒，便将钱塘君罚到金山面壁思过，临行前，洞庭龙王告诫钱塘君（火龙），一定要耐得住性子，不要多管闲事。熬过一段时日，早日回家。钱塘君点头答应。

“过了一段时间，这里也算太平。可好景不长，突然有一天，陶杖子这一带林深树密，

龙七子狴犴

虎踞龙盘

龙八子负屃

火龙洼景

来了一只猛虎祸害百姓，一连几日，总有百姓被老虎吃掉，闹得人心惶惶，鸡犬不宁，百姓苦不堪言。钱塘君知晓此事后，便现出原形与那恶虎大战三百回合，难解难分，不分胜负，正在这时，一道闪电直奔猛虎，猛虎瞬间俯首帖耳，老老实实，动弹不得。原来那恶虎竟是玉帝护园的灵兽，趁玉帝酒醉偷跑下界，玉帝醒来得知情况后一看，龙虎激战正酣，便用手一指，老虎便被制服。玉帝命它与火龙一起镇守金山，由火龙监管。直到如今，火龙还在这里思过，又多了一项监管猛虎的任务。

“龙虎大战后，原来的高冈变成了山坳，从那时起，这个山坳就叫作火龙洼。后来柳毅和小龙女带着孩子来金山看望叔叔钱塘君，不想被这里美景所吸引，一家人嬉戏玩耍，不愿回去，给后人留下一段人龙姻缘佳话。”

柳毅、小龙女与女儿

“真的好迷人啊，没想到这大山中竟有这么美的故事。”我激动地鼓起掌，然后，我们继续向前走，只见位于“老虎”的右下方有一个巨型“乌龟”斜卧在草地上，大概是“乌龟”年岁已高，上部铠甲已经开裂，给人一种老态龙钟的感觉。“巨龟”右侧不远处，一只肥头大耳的“羔羊”头面向东南方向，好像被什么“食肉动物”咬住，正在发出求救声。我看着眼前的情景，回味着双林讲的故事，边走边回头望那腾跃的“火龙”和那前面的“老虎”，回忆着我看过的资料，反复琢磨，忽然觉得那腾跃的“火龙”就是“老龙王”的龙八子“负屃”。而在它前面的不就是龙七子“狴犴”吗？对，就是它们。哥俩一前一后，相互追逐，排解孤独寂寞，共同值勤守卫，确保金山的安全。

龙八子“负屃”身似龙，头似狮，排

老龟执勤

行老八，平生好文，是龙子中另一位好风雅的。它专爱书法，石碑两旁的文龙是其形象。我国碑碣的历史久远，内容丰富。它们有的造型古朴，碑体细滑、明亮，光可鉴人；有的刻制精致，字字有姿，笔笔生动；也有的是名家诗文石刻，脍炙人口，千古称绝。而负屃十分爱好这种闪耀着艺术光彩的碑文，它甘愿化作图案纹龙衬托这些传世的文学珍品，把碑座装饰得更加典雅秀美。它们互相盘绕着，看上去似在慢慢蠕动，和底座的霸下相配在一起，更觉壮观。

老龙王的第七子“狴犴”，又名宪章，形似虎，他平生好讼，却又有威力，狱门上部那虎头形的装饰便是其形象。传说狴犴不仅急公好义，仗义执言，而且能明辨是非，秉公而断，再加上它的形象威风凛凛，因此，除装饰狱门之外，还俯伏在官衙的大堂两侧，对作奸犯科之人极有震慑力。每当衙门长官坐堂，在行政主管街牌、肃静和回避牌的上端，便有它的形象。它虎视眈眈，环视察看，维护公堂的肃穆正气，古时牢狱的大门上，都刻有狴犴的头像。因此监狱也被民间俗称“虎头牢”。

“柳老师，时间已接近下午3点。”正在我冥思苦想之时，双林先生催促的声音打断了我的思绪。“哦，好好”。我连声答应。双林接着说道：“我们回家吧，明天去看铁汉柔情。”

八、潇洒“囚牛”，柔情铁汉

回到驻地房东家，吃过晚饭，我们已经很疲劳，便倒在炕上休息，这觉睡得好香，一觉醒来便是天明。第四天按着昨天的计划，继续上山考察。汽车把我们送到东沟里，我们一行三人沿着东沟中部山梁向上爬，当走近山梁半腰时，抬头向高处仰望，陆续发现

龙王之吻

北山梁上横卧着九条“巨龙”。有的仰天长啸，有的怒目圆睁，有的凶神恶煞。一个个威风凛凛，杀气腾腾，唯有南天门这对“巨龙”显得格外安静祥和。那左侧“巨龙”，身材高大，体格健壮，头高约40米，浓眉大眼，厚嘴唇，宽额头，阔耳朵，头戴皇冠，英俊潇洒；右侧的“龙”显得稍微矮些。两“龙”头对头，嘴对嘴，两眼相望，亲亲密密，缠缠绵绵，难分难解，惊恐过后又给人一种温馨的感觉。而在“潇洒龙王”的右侧有一“细长脸的龙”，“龙头”扎地，显出一种悲痛欲绝的样子。前面有一只“大耳兔”，头面向前方。另有一位站在“潇洒龙王”后面的“老人”，双手托腮，愁眉苦脸，好像在思考着什么。是否是因为这“潇洒龙王”风流成性，在与对面的情人接吻之时，右侧的“龙”争风吃醋被冷落一旁，哭天抹泪，宠物“家兔”吓得东躲西藏呢？双林先生望望我，用手指了指山顶说：“这‘龙’吻之处被当地人称为‘南天门’，又称这座山为‘金屏山’，关于金屏山、南天门的来历，村中流传着这样的传说：很久以前，这里的山光秃秃的，常年狂风肆虐，庄稼时常颗粒无收，闹得民不聊生，民怨沸腾，直冲天庭。玉皇大帝得知情况后，亲自赶来查看，原来是一条黑龙在作怪。玉帝大袖一挥，一道金屏落在山梁上，将黑龙压住，截断了狂风，从此，这里风调雨顺，五谷丰登。于是这山被称为‘金屏山’。为了让这里的百姓安居乐业，玉帝便赦免闹事的黑龙，将他留在此地保护金屏，住在山背后的神龙洞里，戴罪立功。后来黑龙改邪归正，为村民办了不少好事，当地人又都尊称他为‘黑老爷’。而玉皇大帝挥袖的地方，正是二龙相吻之处，由于此处是金屏山的最高点，远望好像与天相接，两龙的脑门山峰似两扇大门，老百姓又因此称其为‘南天门’。

“关于南天门的故事在民间流传很多，其中就有《南天门藏天书》的故事。

“很多年以前，村里来了两位年轻人，说要去南天门上游玩，特别是听说南天门顶上有个洞，没人上去看过，年轻人更加好奇，非要去看看这个洞到底什么样。于是他们俩就拿了钩绳等攀爬工具来到南天门下，大概二人常年攀爬探险，经验丰富，三穿二跃，没费什么大劲借助绳索就爬到了洞中。到洞中一看，里面除了方石桌上有一本书外，别无他物。他们捧起书来认真翻阅，里面的字奇形怪状，密密麻麻，一个字都不认识，便将其放回原处，下山回到村中。正巧遇到想看热闹的村民，其中一位满头白发的老人询问他们洞中见闻，二位年轻人回答：‘只见石桌上有一本书，可惜一个字都不认识，就放回石桌，空手而归。’‘哎呀，那可是一本天书，谁拥有了天书，谁就可以当皇帝，要是我们这儿出

龙长子囚牛

了皇帝，大家可都过好日子啦。’老人紧接话题，兴奋不已。‘那好，我们回去再取便是。’二位年轻人话音一落，就转身上山，返回洞中，可那本书已不见踪影。

“从那以后，这里再也没有出过皇帝，洞中天书的故事却在村里流传下来。”

“真是太神奇啦，这么多动听的故事。”我连连赞叹，边听讲，边端详这“潇洒龙王”。这大眼睛，高鼻梁，厚嘴唇，肥耳朵，龙角微呈弧形；帽缨迎风扬起，既威武，又和蔼可亲。特别是那宽肥大耳侧耳倾听的样子太诱人了。这不是“老龙王”的大太子“囚牛”吗？对，就是它，这让我感到惊喜，这么快就找到“新的龙王”。是它接过“龙王”的王位，率领众兄弟镇守金山，怪不得这么英俊潇洒，气度不凡。

大龙子“囚牛”，是龙生九子中的老大，平生爱好音乐，是众多龙子中性情最温顺的。它不嗜杀，不逞狠，专好音律。传说，龙头蛇身的囚牛，耳音奇好，能辨万物声音，它常常蹲在琴头上，欣赏弹拨弦拉的音乐。因此，琴头上便刻上它的形象。这个装饰现在一直沿用下来。一些贵重的胡琴头部至今仍刻有龙头的形象，称为“龙头胡琴”。这位富有天赋的龙子，不仅出现在汉族的胡琴上，在彝族的龙头月琴，白族的三弦琴，以及藏族、蒙古族的一些琴上，也都刻有囚牛张口的形象。想到这里，我又望了望这潇洒英俊的“大龙子”，被它的风度翩翩所迷，多摄了几张影，有点依依不舍，边回头，边继续向前攀爬。大约走了百米后，双林先生喊住我，用手指了指石砬子高处的大石碑：“你看，那石碑，它叫‘王爷碑’，太壮观了。”

九、“霸下碑”旁，气象万千

我们很快攀爬到山梁，只见火龙洼梁“龙群”队伍中，有一块巨型“石碑”伫立在“乌龟”背上，石碑高约 5 米，宽约 1 米，格外引人注目。当地人称它为“王爷碑”。王爷碑北面虎踞龙盘，西侧一位慈眉善目的“老将军”正在安睡。“将军石”下有一黑风洞，洞高约 1.7 米，宽约 1.5 米，洞深约 150 米。我们选择不同角度观赏拍照后，我问双林先生：“看来这王爷碑又有故事喽？”“那当然，这里流传着好多关于‘王爷碑，将军石’的传说，其中之一是这样记述的。”双林接过话头，又开始讲起故事：

“在青龙县陶杖子村东，有一座金屏山，山上怪石林立，类人似兽，其中有一块奇石，好似一神龟驮着石碑，从另一个角度看，又像巴图王爷，因此这个碑叫‘巴图王爷碑’。

“巴图王爷乃是元世祖忽必烈的得力干将，在一次旗盟大会上，六盟四十九旗的王爷和盟长们都到了，巴图王爷因故来迟，几个相熟的王爷就想戏谑一下巴图王爷。不大一会儿，巴图王爷便来了，却发现老友们正在蒙古包里大碗喝酒大口吃肉，外面的拴马桩上拴满了骏马。

“巴图老爷若是找不到拴马的地方，就请回吧，哈哈哈……’有人端着酒碗笑着说。巴图王爷想了想，叫同行的卫士将手中的长矛集合起来，七八根捆扎在一起，只见巴图王爷气运丹田，将这捆长矛用力向地上插去，插进地下足足两尺，随后将自己的爱马拴在了这独特的‘拴马桩’上。‘谁还想拴马啊，马栓有的是，哈哈哈……’巴图王爷大笑道。众人无不称赞巴图王爷勇猛机智。后来，由于王爷功勋卓越，功高盖主，受到了朝廷的猜忌，官场失意，性格刚烈的王爷索性辞官而去，云游四方。王爷走的时候仅带了葛丹将军一人，谁也不知道他去了哪里，整个王爷府都哭得昏天黑地。

“不知过了多长时间，有一天，王爷的家人在水缸舀水时发现王爷的影子。影子倒映在缸里，后边有一奇石，仆人忙将王妃请来。‘王爷，您这是在哪里啊？’王妃哭道。水缸里王爷的影子晃了一下，说了声‘金屏山，南天门’。

“王妃忙派人来到金屏山寻找，发现王爷已在金屏山南天门下得道升天，而葛丹将军就卧在王爷附近，王爷府的人马无奈归去，而“王爷碑”从此成了当地百姓敬仰祭拜的地方。后有文人墨客来此观赏，留下诗篇一首，诗云：嵯峨金屏有真容，威武王爷站此中。天宫一侧昂然立，不让当朝众天兵。”

“好，讲得好，太感人啦！”我连连赞叹。其实，我一见这王爷碑，心里早就特别激动，它就是老龙王的六龙子“霸下”。因为它太有特点了，碑在上，霸下驮着，“霸下驮碑”的故事我早已听说，外出旅游更是耳濡目染，见得多了。原来这里也许就是“霸下驮碑”故事的起源地，也许又是各大庙宇中“霸下驮碑”造型的鼻祖，霸下背着那么重的石碑也在这里镇守着金山，真的太辛苦啦，我由衷产生敬佩之情，感觉这里真是太神奇、太刺激了，我更加兴奋不已。霸下，又名赑屃，形似龟，是老六，平生好负重，力大无穷，碑座下的龟趺是其形象。传说，霸下上古时代常驮着三山五岳，在江河湖海里兴风作浪。后来大禹治水时收复了它，它服从大禹的指挥，推山挖沟，疏通河道，为治水做出了贡献。洪水制服了，大禹担心霸下又到处撒野，便搬来顶天立地的特大石碑，上面刻有霸下治水的功绩，叫霸下驮着，沉重的石碑压得它不能随便行走。霸下和龟十分相似，但细看却有差异。霸下又称石龟，是长寿和吉祥的象征。它总是吃力地向前昂着头，四只脚拼命地撑着，挣扎着向前走，但总是移不开步。我国一些显赫石碑的基座都由霸下驮着，在碑林和一些古迹胜地中都可以看到。我想到这里，接着向上攀爬。爬到距“霸下驮碑”南不足百米的“龙背”上，我屏住呼吸，举目远眺，视野极其辽阔，远近群山，高低起伏，在云朵映衬下，如大海“波涛”，烟波浩渺。西北面几处悬崖峻岭如大海中的“豪华巨轮”向北方航行；北面四列“龙的纵队”，“纵队”之间形成宽度一致的“天然走廊”，时断时续向远方延伸，“纵队”排列整齐，浩浩荡荡，争先恐后地向你驶来；南部“波涛”汹涌，烟雾腾腾；东部一条巨大的“龙头”挡住了你的视线；近处山下村庄星星点点散落在沟谷中，时隐时现；一瞥眼前，一块巨大方石似天然“棋盘”横卧霸下碑旁，棋盘下“貔貅”

龙六子霸下

葛丹将军

黑风洞内景

三列龙队

貔貅张嘴

起伏的波浪

独角鲸在前

奇峰峻岭

夹杂在“龙队”中张着大嘴紧紧追赶着前面的“独角鲸”，后面“狴犴”“负屃”紧随其后；再瞥脚下悬崖绝壁，不禁心惊胆寒；望着此情此景，自己的思绪如同脱缰的野马，不断驰骋，又如眼前的山海波涛，上下翻腾，难以平静。

“快过来，快过来，这里有人的头骨。”当我沉浸在浮想联翩之时，忽然听到老董的喊声。

天然走廊

埋伏在树林间的龙队

侧翼龙队蜿蜒起伏

潜伏在灌木丛中的龙

十、“头颅岩画”，让人胆寒

我们顺着老董的喊声匆匆赶去，走到老董跟前，顺着老董手指的方向望去，发现火龙洼“北侧龙”的队伍中，确实有一大堆好似人的“头颅岩画”。有的披头散发，有的面目狰狞，有的龇牙咧嘴，有的痛哭流涕，有的缺鼻少眼，还有的像上了年纪的老人，又有的像年轻的夫妻，场面惨不忍睹，令人惊恐胆寒。我非常紧张，心里想：这到底发生了什么事？是否是因为当初这里妖怪横行，吃剩下的人的头骨成堆，还是为了金山的安全，把这里变成无人区，把那些迁移逃难的队伍驱赶到这里集中屠杀，后来变成头骨岩石或者被后人用岩画记录下来告诉后人呢？想到这里，我不忍多看，想赶紧离开这是非之地，便向下走去。当走到“头骨堆岩画”下面不远的地方，又发现有一堆“乌龟残骸”，有的相互重叠，有的向上攀爬，有的“大龟驮小龟”，有的望向天空，有的滚落山腰，形态各异。不远处又有“肥耳羔羊”“大耳兔头”，不知当年这里发生了什么故事。这时，我觉得又累又饿，建议休息一会儿吃点东西。于是，我们三人便停下脚步，稍做调整，继续考察，走了一会儿，老董又不见了。由于他是山里长大的，爬起山来像跑似的，常常把我们落下很远。这时又听见他喊起来：“柳老师，快过来，这里有金砖。”

肥耳羔羊

头骨成堆

龟头落地

滚落在山间的乌龟

十一、“龙身仙人”，口含金砖

我们朝着老董喊声处走去，发现离“火龙洼”约400米处，有位慈眉善目的“龙身仙人”，紧贴在“巨龙”身上，高约15米，宽约2米，双眼眯成一条缝，笑眯眯的，鼻梁微起，嘴里含着块长方形的石块，石块方方正正，有棱有角，好像快要掉下来似的。双林先生望了我一下，指了指那高处的石块说：“当地老百姓说这是仙人含金砖，脚下踩金山，预示着这里的百姓将来大富大贵，能过上美好的生活。关于‘仙人含金砖’的故事，这里还有一个美丽的传说在村中百姓中口耳相传。”

“是吗？处处有故事，那就说来听听。”我望了一下双林，示意他说下去。双林随后慢慢讲起来：

“很久很久以前，有一位外地商人在村里居住，终日肩背褡裢去追集市，日子过得比较寒酸。这天吃过晚饭，商人一觉睡到午夜就背起褡裢准备连夜去赶集。这集市距离较远，抄近道必须要走山路，于是他深夜就起来爬上东南山梁。当他爬到山梁石砬子时，突然发现前面有一个小洞，里面金光闪闪，他不知道是什么东西，好奇地走上前去，发现小洞里面有好多金币。这可把商人给乐坏了，心里琢磨，我天天起早贪黑地赶大集，就是为了混口饭吃，这回可发了财，再也不用奔波啦，真是老天有眼，让我享清福啊。他二话没说，就把金币往褡裢里装。不一会儿，就装得满满当当的。褡裢满了，就往兜里装；兜里装满了就往袄里塞；袄里装满又往裤腿塞；最后实在没处装了，只能背着一身沉甸甸的金子往家赶。在回去的路上，这一身金子可成了累赘，把商人累得满头大汗，上气不接下气。只能走一步，歇两步，走两步歇四步，走走停停，等到家时，天已经见亮了。他急忙把老婆喊起来，老婆看他一身金子也吓了一跳，挪了一口腌咸菜的二口缸，帮着丈夫一起把金币藏进了缸里，又在上面盖了几棵咸菜，最后盖上盖子。商人藏完金币，还惦记着山梁上的宝洞，可是天已大亮，再去恐怕会被村里人看到，只好等到晚上再去。

仙人口含金砖

“终于，漫长的白天在商人焦急的等待中过去了，到了将近午夜的时候，商人叫起老婆，唤起儿子，一家子偷偷摸摸地往昨晚取金子的地方赶去。可是到地方一看，那个金洞不见了踪影。商人害怕是自己记错了地方，又前前后后地找了几遍，仍看不见金洞。这可把商人急坏了，便左右高低仔细察看，抬头一望，猛然发现在石壁约 15 米高的地方有亮光，再仔细瞧瞧，好像一块‘大金砖’。‘金砖，这是真的吗？’商人有点不相信自己的眼睛，闭上双眼揉一揉，再睁大眼睛，只见那金砖越来越大，金光闪烁，看得商人眼冒金星。真是老天有眼，吉星高照呀。商人暗暗庆幸。可又一看这金砖太高了，够不到。他急忙叫儿子在最下边，老婆在中间，他在最上边，搭起了人梯，还差一截。这可怎么办，商人急啊、急啊，便双手合十，眼望‘金砖’祷告起来。开始嘴里絮絮叨叨声音小，听不清说什么，后来，越着急声音越大，‘金砖金砖快下来，买下美妾和豪宅；金砖金砖快下来，买下美妾和豪宅……’商人老婆在下边一听，‘好你个没良心的东西，有钱了就想娶小老婆’。越想越气，气得浑身打哆嗦，最后挺不住了，身子一歪，就把商人摔了下来。再看那‘金砖’，金光已经消失得无影无踪，变成一块方方正正的石头。一家人垂头丧气地回到家里，急忙打开腌菜缸子再想饱饱眼福，过过金瘾，却发现里面的金币全变成了石头。

“当天晚上，商人做了一个梦，梦里有个全身金光的仙人，仙人告诉他：‘你心术不正，缺少德行，是承受不了富贵的。’从此以后，仙人含砖的故事就在村里传了开来。”

“这个贪财的家伙，真是缺少德行，在老婆面前都不检点，难怪仙人惩罚他，真是罪有应得。”我听得津津有味，接过话，讨厌那个贪财的小商人，他们两个人开心地笑起来。我们接着又往前走，不一会儿，一个高高的石壁挡住了我们的视线，双林先生指指悬在半空的几个石人：“快看，那是送子观音。”

十二、飞石之旁，“螭吻”显现

我顺着双林先生手指的方向望去，发现位于火龙洼的北侧百米外，有一组奇石，高50多米，中间较高者，颇似观音，前后各有一块较低人形石，一前一后伴着观音石，显出一副谦卑的姿态，人们称之为“送子观音”。双林先生告诉我：“据当地老人讲，许多年前，离此地不远的白狼山中，有一个专吃男童的妖怪，闹得百姓人人自危，苦不堪言，只好拖家带口逃离故土，远走他乡，这里的人烟越来越少。正巧观音菩萨巡游此地，听闻此事后，降服了妖怪。当地百姓为了纪念观音菩萨，在金山上最高处设坛，四方百姓闻讯后，逢年过节都前来烧香祭拜。若有人家欲求男，便生福德智慧之男；若有人家欲求女，便生端庄俏丽之女。一时传为佳话。不久，这里又人丁兴旺起来，时至今日，逢年过节，仍有百姓前来上香求子。“真是个好神仙呐，不断救济苍生。”我随声附和，拍了几张照后，又向前行，又走了近百米远，双林先生又指了指位于“仙人含砖”北侧的“龙背”，上面有两块方方正正的石头，长、宽、高各约2米，交错相叠，且每块石头悬空各半，由于处在高约50米的“龙背”上，是此金山上的至高点，悬石好像悬在云端一样。双林先生告诉我，当地百姓称它为“天外来石”（从村里看天外飞石好像一个大松鼠翘尾跳跃）。接着，南部又发现高处“肥龟”头顶白云；一对“巨蜥蜴”仰望蓝天；“大耳猪八戒”摇头晃脑；“变形金刚”威风凛凛；“平头老人”和蔼可亲；“双面巨人”仰躺山顶；下面又有“龙鳞”金光闪闪。在“龙鳞”下，老董故意蹦起老高，双脚用力踏地，只听下面有空洞声。老董笑着说：“据老人讲，这下面是巨蟒洞，曾有人看见过巨蟒有大水缸粗，行走时风声很大，从前曾经有地质队勘探过这里，探了一会儿，就急忙撤走，以后再没有人敢来勘探这里，村里人怀疑一定是他们探到了巨蟒，不敢惊动。”

送子观音

“是吗？”我感到有些紧张，就催促他们。他们听了竟偷偷地笑起来。这时，我又回过头去，继续研究这像龙鳞的景观，琢磨刚刚老董讲的蟒洞。又继续向前走了数百米，回头望了一下高高扬起的“龙头”，突然发现它嘴巴大张，好像要吞什么东西，它头高约30米，宽约8米，体长约300米，高大威猛，我顿时感到惊喜，猛然想起老龙王的第九子“螭吻”，又名鸱尾，传说中它生得龙骨鱼身，它的形态最早出现在汉武帝修建的柏梁殿上。当时有大臣建议说：“大海中有一种鱼，尾部好像鸱，也就是猫头鹰，它能喷浪降雨，不妨将其形象塑于殿上，以保佑大殿免生火灾。”武帝应允。等到大殿建成之时，群臣争相询问殿脊之上为何物，汉武帝不知如何作答，便以它长得像鸱的尾巴给起名“鸱尾”，后来渐渐演化成了“螭吻”。又相传大约它是在南北朝时，由印度“摩羯鱼”随佛教传入的。它是佛经中雨神座下之物，能够灭火，所以大多安在屋脊两头，有消灾灭火的功效。龙形的吞脊兽，是老九，口阔嗓粗，平生好吞，殿脊两端的卷尾龙头是其形象。《太平御览》有如下记述：“唐会要目，汉相梁殿灾后，越巫言，‘海中有鱼虬，尾似鸱，激

天外飞石

猴头侧脸

龙鳞片片

肥耳八戒

巨蜥望天

龙脊肥龟

平头仙人

变形金刚

双面巨人

龙九子螭吻

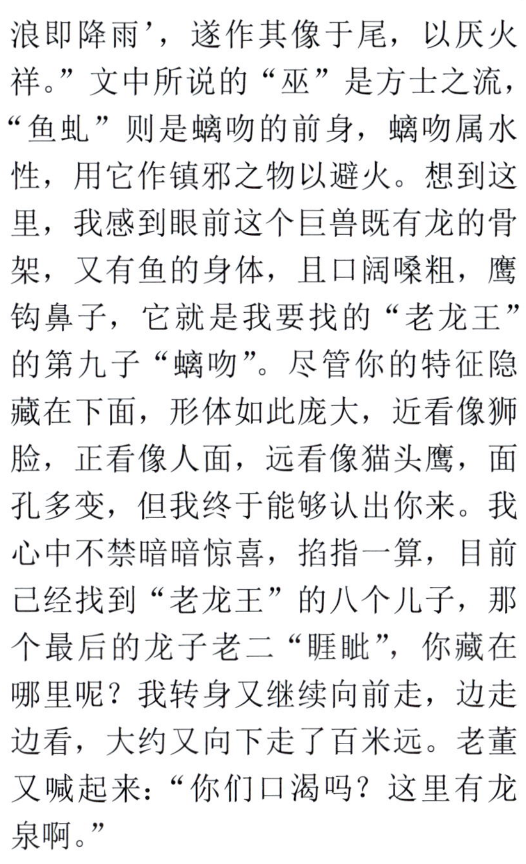

浪即降雨’，遂作其像于尾，以厌火祥。”文中所说的“巫”是方士之流，“鱼虬”则是螭吻的前身，螭吻属水性，用它作镇邪之物以避火。想到这里，我感到眼前这个巨兽既有龙的骨架，又有鱼的身体，且口阔嗓粗，鹰钩鼻子，它就是我要找的“老龙王”的第九子“螭吻”。尽管你的特征隐藏在下面，形体如此庞大，近看像狮脸，正看像人面，远看像猫头鹰，面孔多变，但我终于能够认出你来。我心中不禁暗暗惊喜，掐指一算，目前已经找到“老龙王”的八个儿子，那个最后的龙子老二“睚眦”，你藏在哪里呢？我转身又继续向前走，边走边看，大约又向下走了百米远。老董又喊起来：“你们口渴吗？这里有龙泉啊。”

十三、“龙泉”潺潺，四季不变

我们走到位于“螭吻”石东侧近百米的岩石下，有一处清泉水池，长约 1.5 米，宽约 1 米，深约 0.3 米，水质清澈。老董说：“这泉水一年四季，总是这么多，雨季不见多，旱季不见少，当地人称之为‘龙泉’，也有人说它是圣水泉，能治病，曾有人专门来此取水回家饮用，消除病痛。到现在为止，没人敢破坏这‘龙泉’，打这‘龙泉’主意。也许与这‘龙泉’的传说有关系吧。”

“怎么还跟传说有关系，说来听听。”我好奇地追问。老董一边笑一边说道：

“据老人们讲，很久以前，村里来了位南方人，住在一位姓陶的老人家里，老人无儿无女，日子过得冷清又孤单。家里来了客人，老两口乐坏了，对这位南方人热情有加，烧水做饭，伺候得很是周到。

“这南方人一住就是很长时间，每天早出晚归，村里人问他，他都是笑着说：‘我是来玩的，这山上的石砬子很美，看看石砬子。’就这样，过了月余，这天吃过晚饭，南方人走进老两口住的屋里，对二位老人说：‘大爹大妈，我在这儿打扰了一个多月，二老拿我当亲生儿子一样照顾，你们真是好人啊，实话告诉二老，我乃江浙人士，从小跟着师父学习，师父说是这金山上有个龙泉，龙泉下面是聚宝盆。龙泉在聚宝盆里，泉水是

龙泉潺潺，四季不变

总喝总有，取之不尽，用之不竭。要是取来装金子，那可有花不完的钱啊，只是因有神龙看守，我来这么长时间，就是观察这神龙睡觉规律，如今我已了解个大概，今晚我会回来晚些，待我取了宝物，再答谢你们。’说完，转身就走了。

“南方人走了以后，老两口就议论起来，老头说：‘这南方人真是有门道啊，咱这儿有聚宝盆他离这么远都知道。’‘可不是，咱这一辈子也没见过聚宝盆啥样，还是与人为善好啊，说不定咱也跟着发点小财。’老太太急忙接过话头，眉开眼笑，双眼笑成一条小缝。就这样，老两口你一言，我一语，不知不觉，已经到了深夜，这南方人还没回来，老两口有点坐不住了，担心这深更半夜的，取宝人要是遇到山上虎狼可咋办。思来想去，最后老两口决定去找找，于是老两口披上衣服，一个提着马灯，一个拿着板斧，就往山上小道走去。好不容易爬到山梁上，老两口突然发现近处山梁下有亮光，一会儿明、一会儿暗的，他俩就朝着亮光而去。走了一会儿，看见南方人跪在地上，双手合十，面前香烟袅袅，马灯放在右边，嘴里不停地叨咕着什么。老两口好奇，再向前靠近一点，才听见取宝人的轻微话音：‘金门开，金门开，取宝的人已到来。金门开，金门开，取宝的人已到来……’老两口怕打扰取宝人，就往后退了十几米，可这时，老头子不知是过于紧张，还是太累，握斧子的手一松，斧子掉到岩石上，‘哐当’一声，夜深人静，声音传得很远。随后，只见狂风骤起，如龙吟虎啸，回头一望，那取宝人被吹到半空，摔在老两口面前七八米的地方，摔得鼻青脸肿，脚踝骨折。老两口急忙把南方人扶起，救回家中。休息了一会儿，南方人痛哭起来，边哭边喊，‘完了完了，眼看金门要开，神龙被惊醒，差点丢了小命，我曾听师父说过，天宫宝库，不是凡人享受之物，贪心不得，我不听师父之言，现已追悔莫及。’

“第二天，南方人拜谢二老后就一瘸一拐走了。从那以后，这‘龙泉’再也没人碰过，故事却流传了下来。”

“讲得好，天宫宝库，贪心不得。”我急忙称赞，老董显得有些不好意思，我看看时间已经是下午 4 点多，身体已经吃不消，就建议回家，他们都表示支持。只听老董说了句，“明天咱们去看鸡蝎大战”。

十四、“鸡蝎”大战，“猴鸡”敬业

第五天吃过早饭，我们来到位于“龙泉”北部数公里的山峰上，这里是陶杖子与东面冰沟村的交界，这山峰被称为“甲龙峰”。因这山峰凸起的两处岩石像两个甲龙的脊甲，又形如公鸡的冠子，所以这山峰又称“鸡冠山”。“鸡冠”最高处高约12米，从前往后各高10米、9米、8米，总长约50米，两个“鸡冠”大小差不多，形状也相似，神态逼真。“鸡冠”北侧山梁上站着一个魁梧健壮的“猴”，“猴”高约2米，宽约0.7米，双目有神，目不转睛地盯着冰沟方向。为什么这里既有“鸡冠”又有“猴”呢？老董望了我一眼，神秘地笑了笑，随后说道：“这就是昨天我说的鸡蝎大战遗址，还想听听故事吗？”“那当然，你就快点讲吧。”我迫不及待地追问。“那我就不客气啦。”老董便慢慢讲起来：

“很久很久以前，冰沟周边是没有蝎子的，一个蝎群的蝎王听说这里是金山（天宫宝库），便率蝎子家族移居此地，也想挖点金子，盗点宝物。可是金山有群龙看守，硬打打不过，蝎子王入门无路，便想了一个馊点子，只见这个蝎子王施展神通法术，从尾巴上喷射出毒气，这毒气恶毒无比，沾到植物，植物就枯死，沾到动物，动物的皮肉就腐烂。这毒气对群龙没什么伤害，却把居住在这里的猴毒死了许多。群龙虽不受影响，但闻久了也有点头昏耳鸣，而且这本来秀丽的山河被弄得乌烟瘴气，加之造成当地生灵涂炭，便上告天庭。玉帝听闻后，指派昴日星官下凡来此除蝎。这昴日星官原身是个大公鸡，专吃蝎子，下凡后一交手，没有几个回合，三啄两踹就把这个蝎子王给制服了。

“制服了蝎子王，昴日星官便回天宫复命。可没想到降服了蝎子王，却冒出一个蝎子王后，这蝎子王后没啥大本事，就会生小蝎子，昴日星官只好返回金山来除小蝎子，奈何天上一天，地上一年，这来回一折腾，蝎子群已成气候，漫山遍野都是蝎子。昴日星官忙不过来，不得不回天宫，把自己的母亲黎山老母请来。这黎山老母是一只老母鸡。这黎山老母到了一看漫山遍野小蝎子，浑身一抖毛，一大群小鸡呼呼啦啦地都去啄蝎子。这蝎子眼看一天比一天少，昴日星官与黎山老母也算松了口气。可这蝎子太狡猾，白天不出动，晚上偷偷进攻，偏偏昴日星官夜间视力不好，弄得筋疲力尽，只好请来火眼金睛孙悟空帮忙。晚上孙悟空值夜班站岗，白天鸡群出动，蝎子之患才算平息。后来，孙悟空与昴日星官一商量，只见孙悟空抓了两根鸡毛和一根猴毛，用嘴轻轻一吹，山梁上出现了一只猴子，两只鸡。孙悟空

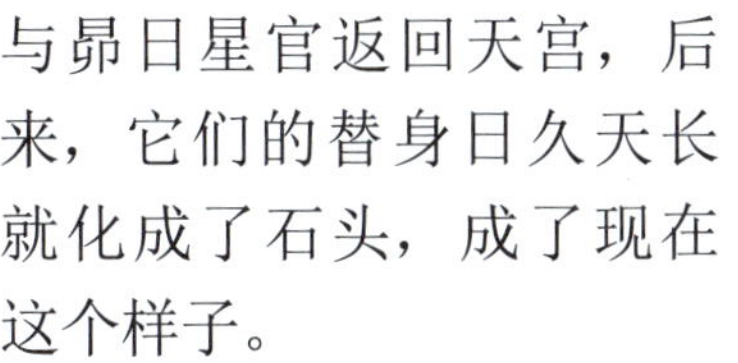

与昴日星官返回天宫，后来，它们的替身日久天长就化成了石头，成了现在这个样子。

“到现在，我跟人们打听，这金山附近确实蝎子不多，也许是猴王与鸡冠常年坚守的缘故吧。”

“精彩！精彩！”

我听后不断赞叹。我们又向前走了数十米，向东望去，突然发现山梁那边有一支“龙的纵队”，啊，又一支龙的纵队？我不禁大喜过望，激动不已。

十五、老二“睚眦”，任务艰难

我们向前又走几步，端详了一下这支“龙的纵队”，从头到尾数了数，正好十只“龙”，沿着山梁在松林的掩护下正在执行巡逻任务，悄悄地向我们走来。大概是发现了我们的

猴鸡敬业

到来，要把我们驱离出境，我们连连祷告：“请不要过来，请不要过来，我们不是来挖金子的……”也许是因为我们的态度虔诚，感动了对方，最后没有过来抓我们，我们暗暗庆幸。又回过头去望了一下东北侧的冰沟方向，猛然发现又一支“龙的纵队”，只见这支“龙的纵队”队列整齐，“龙头”仰起，面向前方。领队的“队长”体态轻盈，细长脸庞，双眼有神，目光敏锐，表情严肃，给人一种精兵强将的感觉。它不就是我要寻找的最后一个龙子排行老二的“睚眦”吗？对，就是他。平时都这样严肃表情，一副战斗脸，发起怒来，异常凶恶。原来它是被派到这里正在执行特殊的潜伏任务，从金山的侧翼进行防卫。我真的佩服新的龙王“老大囚牛”老谋深算，诡计多端，知人善任，凡是硬仗、恶仗都派睚眦来完成。睚眦是老二，传说生得龙骨豺身，平生性格刚烈，好斗喜杀，是龙子中的战神。睚眦发怒时瞪起的凶恶眼神，也被古人用来描述“怒目而视”。《史记》中司马迁对“范雎报仇”一段的评价便

龙队林间巡逻

是“一饭之德必偿，睚眦之怨必报”，于是诞生了“睚眦必报”这成语。睚眦好杀戮，所以古人常把它刻在刀剑刃身与手柄结合的吞口处，更增加慑人的力量。它不仅装饰在沙场名将的兵器上，更大量地用在仪仗和宫殿守卫者的武器上，从而更显得威严庄重，因为帝王们都相信睚眦能克煞一切邪恶。想到这些，望着眼前的情形，睚眦当下的任务是从侧面保护金山的安全，附近的几户民宅大概也在保护之列吧。我再次端详了一下睚眦，向它行了个注目礼，对它的勇猛善战表示钦佩。于是，我又深深地吸口气，好像完成了一项神圣的使命，老龙王与它的九个儿子，目前一个不多，一个不少，都在这里默默地奉献着，真是“打虎亲兄弟，上阵父子兵”，怪不得这金山千百年来平平安安，还真得感谢你们啊……正在这时，双

龙守民宅

龙二子睚眦

林先生说了句，“再向前走，就是神龙洞了”。

十六、“神龙”洞外，石佛端端

我们走到位于距鸡冠山数百米处的山梁上，这里是陶杖子、南胡哈、冰沟三村交界梁。我突然发现这原来是保护金山的“侧翼龙队”的尾端。这一处石砬子，高约十米，长约数百米，从这石砬子至高点到下面看不到明显的洞口，只是有石缝儿。我疑惑了一会儿，然后问道：“这神龙洞在哪里呀？”“是呀，这洞口太小，不明显，口朝下，得拐个弯爬行方能进入，要不怎么称它为神龙洞呢？我也没进去过。”双林进行解释。这时，只见老董已经走到岩壁下，猫着腰，四肢着地，像猴子一样，跪着向洞内爬去，不一会儿就不见了。这时听见洞内传来“咕咚、咕咚……”的响声，紧接着是老董的喊声“听见没有，这里有石鼓”。双林问我是否进去看看，我担心自己年龄偏大，怕出现危险，便摇了摇头，这时，老董已经从洞内爬了出来。走到我俩跟前说道：“这洞太难爬，你们年龄偏大，就别进去了。我跟你们说说。这洞内很宽敞，能装下几个人。洞高约6米，洞口弯曲，宽大约0.5米，需爬行绕弯方能进入。里面有石鼓、石桌，向外望有三处石孔，能望见洞外景观，沿洞口石壁磨得光滑透亮，据当地人说这是黑龙黑老爷长期进出爬行所致，时至今日，每逢年节，善男信女常来上香祭拜，祈求黑老爷保佑。关于神龙洞的来历，村里至今仍流传着优美的故事。”“又有传说，快说来听听。”我接过话头，催促对方。老董随后慢慢讲起来：

“据说，在康熙年间，南胡哈村东山上有个狮子峰，狮子峰有个石砬子，石砬子上有个洞，洞口狭小，洞内很宽敞，有一块几平方米的平面方石，像石炕一样。人可在洞中尽情躺卧，谈天说地，饮酒弹唱。洞中有石鼓，敲起来咚咚响，声振五里之外。洞中有孔，可望四面八方。有一个姓张的人家，家中有一个十五六岁的男孩儿，经常来这里放羊。

“有一天上午，他忽然发现从南天门方向，忽悠悠地飞过两团火球，转眼间就飞进洞中。他以为自己眼花了，可越想越不对劲，也顺着火球飞进的地方往里钻，原来里面是个洞。他看见两个白胡子老头坐在石炕上下棋。小孩对下棋不感兴趣，就站在洞里看外面的山景。只见北面山头上的花开了，一会儿又不见了；一会儿又开了，一会儿又不见了；总是翻来覆去，不断重复。不到一个时辰，两个老头不再下棋，说要看门儿去，便起身要走，其中一个老头从袖筒里抖落一把沙子递给小孩。当着两位老人的面，小孩不好意思不接。那个老头只说了句‘这东西能吃’，说完，就不见了踪影。小孩很生气，‘你给我这沙子啥用，还说能吃，这不是戏弄人吗？’一赌气就把沙子扔在石炕上。只听叮叮当当一阵乱响，忽见金光闪闪，沙子一下变成了金豆子。小孩那个惊奇劲儿就别提了，急忙收拾好金豆子走出洞外。到洞外一看，蒙了，刚才进洞时明明是夏天，怎么天空飘起了雪花，羊群也不见了。看看山上景色跟从前都不一样了。这到底是怎么回事？他只好懵懵懂懂地回到村里，却找不到家门。家就在那石砬子下面，石砬子还在，房子没有了。原来七八户人家，怎么这一会儿工夫就变成了几十户？村里的人一个都不认识，人们也都不认识他。他把洞里的事讲给人们听，人们终于回忆起来村里传说的故事。听说好多年前，老张家丢了一个放羊的孩子，家里人怎么找都没找到，说这孩子去了南天门找神仙去了，后来成了道法高深的一条黑龙，从那时起，这个狮子峰的洞就叫神龙洞，神龙得道成仙，为当地百姓做了许多好事。”

“好听，放羊娃得道成仙，造福百姓，真的是好事。”我听后连连赞叹，随后，我们继续前行。“咱们去看看金佛。”老董说。于是我们跟着老董走到了数百米的山梁上，看见有一尊“石人”，高约3米、宽约3米，方方正正，仅有上半身，稳稳坐在山梁上。仔细端详，这“石人”慈眉善目、和蔼可亲，总是笑眯眯的。老董说：“这被当地人称为‘金佛’。是属于南胡哈村的。这‘金佛’为什么没有腿脚，仅有上半身？说起来还有一段有关金佛的故事。

“传说很久以前有一个很会看风水的南方术士来到这南胡哈村，住在一户姓刘的人家，这刘家无儿无女，老两口守着三间草房过日子，对南方人的到来非常热情，照顾得十分周到。白天南方人在外面溜达，晚上回来睡觉，一眨眼，十天就过去了。一天傍晚，南方人回来后，跟老太太说：‘大娘，借我一个大海碗，今夜我在屋子里有事要做，你们千万别打扰我，我如果成功了，对你们也有好处。’老两口发誓说：‘大侄子，放心吧，我们不会打扰你的。’

“话虽这么说，可是老太太回屋就睡不着了，整宿地琢磨这事，后来实在抵挡不住好奇心，她就穿上衣服，蹑手蹑脚地走到南方人的那屋门在门缝扒着往里看。只见屋里点着

神龙洞景

油灯，北墙板柜上的香碗里插着香，南方人双手合十，眯着眼睛，嘴里念叨着什么。南方术士面前那只大海碗里有半碗水，老太太看着看着，只见碗里一片金光，慢慢地从碗里探出一个小金人脑袋，金人出得很慢，长到半身高时就更慢了。老太太一着急，就喊了出来：‘小金人快点长啊。’老太太这一嗓子喊出来，屋里的灯立马灭了，只听得一阵碗碎声，随后是南方人的号啕大哭声。

“第二天天亮，早早起来的村里人发现，村东山上树起了一个半身的‘石人’。细看更像一个‘石佛’，原来这就是被老太太声音打断的小金人变的，由于时间不够，小金人只出来一半，而且化作了石头。从此以后为村里添了一道风景。”

“又是一个跟金子有关的故事，看来这金山大家都喜欢。”我接过话头，感触多多。这时，只听双林说了声“走，回去看看我们工作队给修建的望龙亭”。

半身金佛

十七、山神庙旁，“青龙”下凡

我们来到陶杖子村北孙家岭上，发现已经修建完工的一座六角木质凉亭，称为“望龙亭”。亭下是弯曲的木质台阶，台阶下是平坦整洁的木栅栏停车场。站在亭上举目远望，视野极其广阔。最引人注目的是巍峨雄伟、气势恢宏、望不到尽头的“巨龙”横亘在山梁；“巨龙”下面是满山红叶、绿树映衬；“巨龙”上面是蓝天白云高悬，在金色的阳光照射下，“巨龙”好像梦中初醒，腾空欲起，金碧辉煌。亭子右侧，苍松林立、松涛阵阵；亭前古榆树下山神庙前香烟袅袅（原古山神庙已毁，目前村民建一小庙作为祭

山神庙旁古榆树

南胡哈龙尾脊

南胡哈山梁上的黑龙

青龙下凡

祀之用）；亭子左侧南胡哈山梁石砬子断断续续，高低起伏，好似一条“巨龙龙尾”由低向高延伸，与陶杖子“巨龙”连成一体，共同组成一条长长的“巨龙”。松林下的山谷中，蜿蜒的盘山公路时隐时现伸向远方；望龙亭北山梁南胡哈方向，另一支长长的“巨龙”由北向南横亘在山脊，形成另一幅黑色“长龙画卷”。据双林讲，若是当你乘车正巧赶上上午九点后的某一时间段，从南胡哈东面公路再望南胡哈山梁“龙脊”，阳光照在“龙脊”下方，一个神奇的画面会出现在你的视野中，让你喘不过气来，心跳加速。这时一条直径约 2 米多粗的“巨龙”正在向前移动，鳞片金光闪闪，龙脊锋利弯曲，随着汽车行驶，那“巨龙”也跟着行走，这种感觉简直无法形容。而当你错过这个时间段，就

白花衬青松

怎么都找不到这样的景观了，大自然就是这样变幻莫测，时而让人沉醉，时而让人惊奇震撼。这时，我望着眼前的情景，冷静下来进一步思考，反复推敲……这古老的“山神庙”遗址暗示着这山是神山，山上神就是“青龙神”，这“青龙神”就是天上的星宿下凡，东南方的“巨龙”形体庞大，气势恢宏，而西北方的“黑色巨龙”形体稍小，两列“龙队”并列相向而行，并驾齐驱，势不可当，与前面“老龙王”的“九个龙子”等组成强大阵容镇守金山，时刻保护着金山的安全。于是我更加坚信当初的推测，眼前的“龙”就是青龙满族自治县的“青龙”，眼前这座山就是历史上龙山县的“龙山”，就是神山县的“神山”。此时此刻，我真的情绪激动，难以控制，好像我成了哥伦布，发现了新大陆。我双手合十，放在胸前，尽力控制自己的情绪。“柳先生，您这是在干啥呢？怎么把你激动成那样？咱们还得看倒挂长城呢，快走吧。”老董有些着急。

十八、“长城”倒挂，“龙头”高悬

听到催促后，我们又来到位于陶杖子村东南山梁上的“长龙”西侧，发现有一道断断续续的断裂带地貌沿西北至东南方向延伸，形成与山梁“龙队”并列平行的“龙队”景观。在可目测的几处“龙队”的山洼处是一片片茂密的松林，而周边是其他灌木丛林，好像特意安排一样，让人百思不得其解，成了另一番别具特色的风景。在几处可望见的“龙队”中，位于东沟北梁的“龙队”尤为令人惊奇。只见这段“龙队”（内长城）墙壁如刀切一般，极其平整光滑，墙体由大小不等的石头砌成。“龙队”高约 60 米，宽约 7 米，陡峭如立，既像高悬的“龙头”，又像倒挂的长城（当地人称它为“倒挂长城”）。与海港区驻操营镇板厂峪的“倒挂长城”如出一辙，只是一个人工砖砌，一个天工石造，二者各领风骚。正在这时，我偶然发现西南山梁上有两棵大松树，随便问了一下双林：“那两棵松树挺有情趣的，是否去看看？”“对，那是一对夫妻迎客松，这里的树都好像有灵性。我们这就去。”双林接过话头，继续向前走。

倒挂长城，龙头高悬

十九、龙山之树，情意绵绵

我们一边走，双林一边跟我谈他对这里的感受：陶杖子龙山上的“龙群”妙趣横生，山上生长着的野杏更别具特色。每当春天来临之际，漫山遍野的野杏花，花团锦簇，一团团、一簇簇，白的如银如雪，静美安恬；粉的如霞如烟，缥缈虚幻；像天边流动的云，又像低头吃草的羔羊；上有蓝天白云映衬，下有绿草羔羊相伴，令人心旷神怡、如醉如痴。既会给人带来“绿杨烟外晓寒轻，红杏枝头春意闹”的意境，抑或体会“沾衣欲湿杏花雨，吹面不寒杨柳风”的温馨，随之会让人情不自禁地哼起山歌。每当秋季来临，杏果飘香，漫山红叶，自然成为金山上的一道亮丽风景。

“妙，妙，诗情画意，真让我醉了。”我忍不住赞叹，佩服双林的文采。不知不觉间来到位于陶杖子村的片村孙家岭村东，深感野杏花果迷人，又觉古树更让人情意浓浓。只见这里有两棵椁椤树。双林介绍说：“这树龄约千年，树干需两人合抱，树形高大，枝繁叶茂，遮天蔽日。这种树属于杂生或丛生，其叶子有香味，人们用叶子可做椁椤叶饼，成为一道风味独特的美食。这两棵椁椤树成双成对生活在这里，经历多年风霜雪雨，不离不弃，生死相依。特别是每逢十月来临，一棵树叶红红火火，一棵树叶郁郁葱葱，当地人称它们是‘夫妻’树、‘爱情’树。”“好，真动人啊。”我又禁不住赞叹，接着我们又连续来到下面几处生长古树的地方，分别是：

位于孙家岭村西山坡生长着一对古松树，树龄大约百年。这两棵松树同根生，一棵略粗，另一棵稍细，细树缠绕着粗树，好像情侣拥抱，不愿离开。

位于偏道沟山梁同样生长着一对古松，村里人称它们为迎客松。树龄约五百年，一棵粗壮威猛，盘根虬枝；另一棵峭拔略细，姿态优雅，似一对夫妻。

位于偏道沟底有一对梨树，树龄约百年，两树同根，并列生长，似孪生兄弟，枝繁叶茂，情意绵绵。

位于陶杖子金山东侧临村窝棚沟村有两棵古柳树，树龄约三百年，两棵古柳大小相似，枝干弯弯曲曲，并列生长，像两个风烛残年的老人，相依为命，不离不弃，仙气浓浓。在古柳树的东侧山梁，生长着三对古松，树龄都在三百年左右，双双情真意切，生机勃勃。

古梓椤树情侣

野杏花海

红叶满山

位于陶杖子村西临村王阎沟村村口路边，有一个似坟堆状的小山包，山包东侧沿路方向形成一个等边三角形景观。底边两棵古松，树龄约三百年，树干挺拔，需两人合抱方能抱过，高约 18 米，苍劲有力。等边三角形两边各生长着两棵梣椤树，树龄约二百年。等边三角形顶部生长着白枣树，树龄约四百年。三边古树成双成对，似三对夫妻供奉一位“老人”。这种布局是自然形成，还是人的有意安排，不得而知，不过却成为当地一道绝妙的风景。

我们连续看了几处夫妻树后，深深感受到这龙山真的有灵气，连树木都这么情意浓浓，心中更加充满敬畏。往回走的路上，我又不由自主地想起我在县志中看到的关于树及其他内容：陶杖子金山上除了生长着梣椤树林、松树林外，还生长着榛子、胡桃楸

孙家岭情侣松

偏道沟夫妻松

柳仙树情侣

迎客古松情侣

古梨树情侣

路边松树情侣

路边松林

路旁苍松

红叶中的梯田

子、蒙古栎、辽东栎等杂木丛。在这些杂木丛中，生长着菌类：肉蘑、松蘑、榛蘑、香蘑、灵芝、桑花；中草药：防风、知母、丹参、柴胡、远志、苍术、黄芩、桔梗、地芋、黄芪、枣仁、白头翁、板蓝根等；鸟类：山鹰、猫头鹰、啄木鸟、白头翁、七彩鸟、画眉、山鸡、鹌鹑、杜鹃、鸽子、乌鸦、燕子、麻雀、花喜鹊等；哺乳类动物：狍子、獾、刺猬、兔、松鼠、豹、鹿、狼、黄鼬、赤狐等；爬行类动物：穿山甲、壁虎、蝎子、蛇、蚰蜒等。

“咱们顺便看看日军的岗楼吧。”老董边看车外边提建议，打断了我的思绪，我连连点头，表示赞同。

二十、“龙”守山庄，沧海桑田

我们坐在车里，双林又继续介绍道：“陶杖子村周边矿产资源十分丰富，有铀矿、铅锌矿、金矿、水银矿等。这些丰富的矿藏让当年的岛国日本垂涎三尺，虎视眈眈，做梦都想窃为己有。到了20世纪三四十年代，日本侵略者终于暴露了它的狼子野心，发动了侵华战争。在屠杀中国人民的同时还对我国的矿产资源进行疯狂的掠夺。陶杖子村的片村周杖子水银矿就是日本侵占我国资源的罪证之一。”汽车开到周杖子水银矿遗址前，我们下了车，双林继续介绍道：“当年，日军为了掠夺这里的水银矿资源，把附近的村民赶走，圈起来，青壮劳力供他们驱使，并在周杖子村南山顶修建两座岗楼，看管这里的生产。”随后，双林转过身，指了指远处山上的保存比较完整的岗楼说：“那就是当年日军修建的岗楼。岗楼东面是水银矿的矿坑，在那个年代，抗日军民与武装到极致的侵略者进行着殊死的抗争。后来，随着世界反法西斯战争形势的好转，我国抗日战争也已形成星火燎原之势。1943年9月19日凌晨，当地八路军七区队在地方民兵的配合下，端掉盘踞在南山上的两座炮楼，杀死哨兵，冲进周杖子水银矿，击毙日本矿经理屿岛（原军衔少将），缴获轻机枪1挺，步枪20余支，手枪10余支，炸药2000箱。如今炮楼、水银矿遗址尚存。”

“还有时间，咱们再到村里走走吧。”老董又提出建议，我们俩欣然同意。

我们又驱车回到村子，来到东南山下，一片陈旧的水泥瓦房建筑展现在面前。当年

村口标识

村中广场景观

路边石碾

石崖下民宅

广场石景

马踏仙石

龙守山庄

天狗
金蛤蟆
农家毛驴
秋后山羊
野鸡
鸡戏街边

鸭子戏水

矿区门标语

周杖子水银矿旧址

日军岗楼

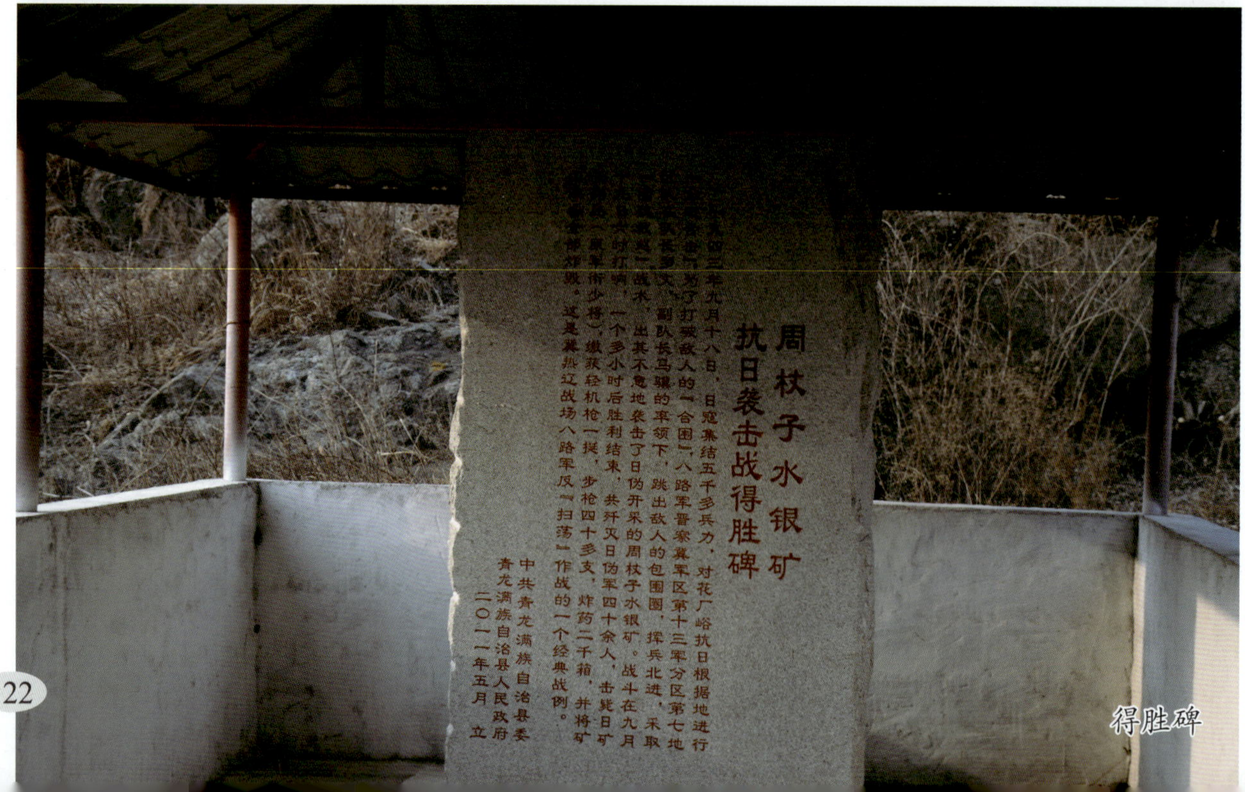
周杖子水银矿
抗日袭击战得胜碑
四三年九月十八日，日寇集结五千多兵力，对花厂峪抗日根据地进行
为了打破敌人的"合围"，八路军晋察冀军区第十三军分区第七地
长多文、副队长马骥的率领下，跳出敌人的包围圈，挥兵北进，采取
战术，出其不意地袭击了日伪开采的周杖子水银矿。战斗在九月
时打响，一个多小时后胜利结束，共歼灭日伪军四十余人，击毙日矿
原军衔少将），缴获轻机枪一挺，步枪四十多支，炸药二千箱，并将矿
部炸毁。这是冀热辽战场八路军反"扫荡"作战的一个经典战例。
中共青龙满族自治县委
青龙满族自治县人民政府
二〇一一年五月 立

得胜碑

的老矿址、厂房宿舍、大字标语“毛主席万岁”“自力更生，艰苦奋斗”“团结起来，争取更大胜利”和毛主席画像等仍都历历在目。双林指了指道：“这里原来是铅锌矿，地表铅锌矿已经开采多年，后因经营不善，现已改制由个体承包，开发深层金矿，现在还未动工生产。”随后，在老董的引领下，我们又接连参观了山村街道边的老井辘轳、石碾、石磨。目前，经过工作队修建的木质栅栏及房顶，看后给人焕然一新的感觉，这些工具现在仍在使用。接着又陆续看了偏道沟的“金蛤蟆”，“金蛤蟆”长约3米、宽1米；东沟的“马踏”长约2米、宽约1米；“狗头”长约6米、宽约5米等象形石景观，还有村里小广场、临街的青砖白墙，街边公鸡领着母鸡玩耍、鸭子在小溪边觅食、毛驴拴在树桩边、山羊在山坡上吃草、猪在猪圈睡觉……这些都令我新奇，真的是当地的一道绝妙的山村风景线。正当我兴趣盎然时，突然想起村里是否有文化生活，于是我又好奇地问：“双林你已经在这村住了两年多，这里有没有文化生活？”

“有。”双林立刻回应。

二十一、龙山文化，地域特点

听到双林如此爽快回答，我真的很高兴，随后催促道：“那就说来听听。”

“好吧。”双林接过话头，慢慢讲道，“青龙满族自治县，独特的地域性满族文化丰富多彩。主要表现在民间花会上，这民间花会在青龙民间历史最长、流传最广，群众最喜闻乐见。主要形式为秧歌、龙灯、狮舞、旱船、跑驴等。每逢春节，农村纷纷办起秧歌队，有高跷、有地跑，每队三五十人不等。表演形式上，县城东、南部以说提纲、唱风柳、喇叭腔为主，县城以西则以下出子（戏书）为主。

“满族寸子秧歌：又称踩寸子，流行于县南部和西部的满族聚居区，具有浓郁的满族特色。高跷不盈尺，角色普着旗装，女角色足饰假旗鞋。1987年，娄杖子乡秧歌队对服装、编队、扭法进行改革。服装，男角色戴缨帽、罩马褂，女角色戴旗头，着旗袍。男角色上身斜背象征八旗的黄、白、红、蓝等颜色的长带。编队有二龙出水、剪子股、摆阵等；在扭法上有表现宫廷生活的转扇、逗扇、递绢；“出子”有表现民间生活的《救罕王》《摸花轿》《婆媳和》等。伴奏音乐以《满堂红》《反串》《大姑娘美》《五匹马》《句句双》等曲

春闹秧歌

夜间扭起来

牌为主。

“另有皮影和剪纸：称乐亭皮影或滦州皮影，在青龙已流行100多年。

“民间剪纸在青龙有着深远的历史渊源和深厚的群众基础。主要形式有：一是供奉图腾神、祖的挂帘（亦称挂笺）；二是伴随岁时习俗和节日而剪刻的剪纸作品；三是办丧事的纸扎；四是民间皮影的荐子（影人头）、戳子（影人身）、桌椅、大帐、屏风等。五是民间印花布的漏版。还有音乐与吹歌，舞蹈有《猴打棒》。”

“好啊，你简直是青龙通，了解得这么详细。”我连忙赞叹，随口又问：“这几天吃的饭都是工作队准备食材，房东老大姐加工制作，老百姓家逢年过节招待客人都吃些什么？”

双林沉思片刻，随口说道：“青龙满族自治县处于大山之中，山清水秀，空气新鲜，土地虽然贫瘠，但生产的农产品都是绿色生态、原汁原味的。青龙老豆腐，已经成为青龙饮食的名片，独特水质及加工工艺是其他任何地方都无法相比的，那淳朴、清香、柔嫩的味道会让你终生难忘，既可当菜，又可当饭，撑得人肚子圆圆的；吃山里百草长大的小山羊，不加任何饲料，萝卜炖羊肉吃后留有草的余香；绿色的柠椤叶饼、黄澄澄的小米饭、黏糊糊的高粱米豆粥、大馅儿饺子、豆馅儿黏饽饽都具有保健功效；山蘑菇炖鸡块、油炸干子、炸丸子、炸饹子、蒸焖子、猪肉炖粉条、花椒肉等香而不腻，风味独特；懒豆腐、山野菜吃起来风味纯正，百吃不厌，让人流连忘返。”双林说到这里突然停住，望了我一眼，看我那垂涎的样子，随后亲切地邀请道：“今晚我就请你去刚开张的农家乐饭店尝一尝，怎么样？”

“好，太好啦！谢谢。”我愉快地接受邀请。

第二天，我在人们的亲切目送下，依依不舍地离开这个神奇的山村，完成这次考察之行。我透过车窗边走边回头望着那龙山上的“龙群”，心潮起伏，难以平静，心中再一次虔诚地默念着：尊贵的“龙”，为了让这里的百姓尽快摆脱贫困尴尬的窘境，过上美好幸福的生活，我在偶然间发现了您的真面目，于是我怀着一颗虔诚敬畏的心观赏了各位，并把诸位描述下来编写成书。在不久的将来，人们也许通过我传达的信息将会蜂拥而至，前来旅游、拜访你们，这里会变得喧闹起来，打扰了你们千万年来安静的生活，那就请诸位“龙”宽恕我吧。

猴打棒

满族舞蹈

满族皮影

满族剪纸

柞椤叶饼

红烧肉

小鸡炖蘑菇宽粉条

锅仔羊杂

炸千子

油炸丸子

黏饽饽

煎焖子

荷叶饼蒸肉

青龙老豆腐

菠菜炒粉饹馇

小炒青龙干豆腐

附一：

青龙探秘——龙山传奇

作词：柳儒田

神州有个青龙县，
山海茫茫地域偏。
史上县名多更改，
明代禁住无人烟。

史上曾叫龙山县，
龙山何处史未撰。
寻寻觅觅细打探，
千辛万苦终相见。

龙山巍峨好壮观，
一眼很难望到边。
县城东北陶杖村，
发现群龙卧龙山。

龙群为何卧此山，
威风凛凛真震撼。
多方打探方知晓，
山下深处是金殿。

青龙原是金矿县，
玉皇大帝早看见。
命令群龙来镇守，
阵容强大不可犯。

龙生九子龙群间，
父子兄弟全参战。
母龙疲惫鼾声响，
公龙矍铄在值班。

长子囚牛爱琴弦，
浓眉大眼气宇轩。
如今挂帅当龙王，
忙里偷闲情绵绵。

二子睚眦常瞪眼，
龙骨豺身最好战。
好斗喜杀心狠毒，
侧翼防守任务艰。

三子嘲风好望险，
灾祸和体又威严。
夜色茫茫路难行，
口含神灯来巡边。

嘲风前面见龙蛋，
海豚又在龙蛋前。
另支龙队在巡逻，
头龙龙眼已通天。

四子蒲牢龙门站，
好鸣好吼不大胆。
深沟龙门来站岗，
宽额将军常相伴。

蒲牢后面是山巅，
有一队伍在逃难。
猪马牛羊紧跟随，
老妇盼儿正望远。

五子狻猊站山尖，
形如雄狮貌凶悍。
喜静好坐爱烟火，
站岗敬业视眈眈。

八图王爷离草原，
来到狻猊脚下边。
随身将军身边睡，
王爷故事民间传。

六子霸下力无边，
平生负重步蹒跚。
曾帮大禹治过水，
如今驮碑守金山。

霸下碑旁气象千，
碑前摆放大棋盘。
左侧龙队林中藏，
右侧龙队弯又弯。

队前饕餮正闭眼，
队中貔貅大嘴宽。
独角鲸鱼在吸气，
浩浩荡荡冲向前。

北望远山如军舰，
南眺群峰巨浪翻。
东南龙头挡视线，
西瞧队列好开眼。

七子狴犴虎头脸，
平生好讼敢直言。
平时狱中镇邪恶，
今日执法在金山。

八子负屃碑文缠，
今与狴犴相追赶。
文章书法都喜好，
投笔从戎守边关。

柳毅一家火龙边，
感恩火龙来此玩。
迷恋山色不想走，
民间传诵人龙缘。

火龙洼处龙虎看，
洼前头骨堆成山。
兔头龟脑山野落，
如此凄凉为哪般。

有一仙人龙队站，
相貌慈祥口含砖。
传说有一小商人，
为了金砖白流汗。

飞石之旁九子现，
九子螭吻善多变。
口阔嗓粗好吞雨，
被派日夜守龙泉。

螭吻背上观音善，
为救苍生美名传。
前呼后拥娃娃中，
八戒胖龟近处玩。

龙队旁边有鸡冠，
胖猴威武一旁看。
当年大战蝎子王，
为保金山肩并肩。

神龙洞奇口难见，
半身金佛百米远。
洞佛都有神奇事，
事事都与金相关。

若是上午八九点，
路边坐车向外看。
阳光照射龙身上，
车走龙走心打战。

山神庙前黑龙盘，
庙后青龙更震撼。
为让金山更稳固，
并驾齐驱震敌胆。

大队人马山梁占，
侧翼龙队半山潜。
领队头龙猛昂首，
好像龙头半空悬。

龙山古树有看点，
成双成对爱情谈。
海誓山盟好情侣，
要把龙山巧打扮。

丰富矿藏藏龙山，
东瀛日本早垂涎。
三十年代来掠夺，
八年抗战被驱赶。

龙山坐落青龙县，
龙生九子守金山。
景观神奇无法解，
故事迷人天下传。

附二：

“龙”的一些常识简介

龙是中国等东亚区域古代神话传说中的神异动物，为鳞虫之长，常用来象征祥瑞，是汉族等东亚民族最具代表性的传统文化之一，龙的传说等龙文化非常丰富。传说多为其能显能隐、能细能巨、能短能长，春分登天，秋分潜渊，呼风唤雨。封建时代，龙是皇权的象征，皇宫使用器物也以龙为装饰。

中国古代民间神话传说中可见于中国经典中的生物，在现实中无法找到实体，但其形象的组成物源于现实，起到祛邪、避灾、祈福的作用。

历史起源：

早期社会生产力低下，人们在严酷的自然环境里生存，还不能独立地支配自然力，也不能解释自身来源，对自然界充满幻想、憧憬乃至畏惧，崇拜各种比人类更强大的自然和超自然力量，这就是图腾和鬼神产生的社会基础。

古生物学家曾长期认为，长角的龙是上古先民虚构的形象，只存在神话传说之中。但1996年出土于贵州省安顺市关岭县新铺乡的“新中国龙”化石，龙首上有对称的一对“龙角”，与神话中的龙非常相似，引起了古生物学家的关注。

该化石收藏于贵州省安顺市兴伟古生物化石博物馆，保存得非常完整。总长7.6米，龙角从头部的最宽处左右两边长出，双角对称，长约27厘米，略显弧形，这对“龙角”在龙头上翘出，酷似传说中龙的形象。贵州关岭新铺的“新中国老化石的龙角”，为中国首次发现，为古代传说中长角的神龙提供了实物佐证，为龙的形象起源研究提供了新的思路，有重大的科学和历史价值。

由此可见，或许“龙”形体上有真实或大体真实的上古原型，只是功能被神话了。

龙作为一种图腾，和一般图腾不同，不是单一的动物，而是多种动物的集合，这突出地反映了中华民族的伟大民族精神——和合思想。远古神话最早的神不是人，而是动物——图腾。原始人分不清人与动物的界限，认为某种动物是自己的祖先和保护神，这就是图腾。图腾作为氏族、部落的祖先和标志，一般是单一的某种动物，氏族部落发生兼并战争，胜利者在俘虏对方之后，往往消灭其图腾，新产生的部落拥有的还是单一的图腾。中国古代最早体悟到人性，舍弃弱肉强食的观念，在龙图腾的形成过程中突出地表现了这种人性。这就是，为了团结，亲近那些被吞并了的氏族、部落的人，在消灭了这个氏族、部落之后，并没有消灭他们精神崇拜和文化寄托的图腾，而是将失败者的图腾中的一部分加在了自己的图腾身上，所以龙的形象就是一种和合团结的象征，表现了中华民族远古祖先的一种极其宝贵的和合精神，是中华民族精神的一个源头。如《史记·五帝本纪》记载：黄帝在打败炎帝和蚩尤后，巡阅四方，“合符釜山”。这次“合符”，不仅统一了各部军令的符信，确立了政治上的结盟，还从原来各部落的图腾上各取一部分元素组合起来，创造了新的动物形象——龙。从此，中原大地上各个部族有了共同的龙的图腾，统一中华文明的历史就此开启，因而，中国人都是“龙的传人”。

龙的形象包含着多种动物元素，不少人仅依据某一特征论述其起源，所以产生了多种关于龙的原型的说法，其中最具有影响的是龙的原型为蛇说，著名学者闻一多在20世纪40年代便探讨了龙的原型，据其考证，龙图腾的最初原型是蛇图腾，在消灭了牛图腾、鹿图腾的氏族之后，就把牛角和鹿角加在了蛇的头上，后来又加上猪的头和马的头，加上了虎和鳄鱼的腿、鹰的爪子、鱼的鳞、花形的尾巴，经过长期的发展，众多图腾的集合就形成了中华图腾的形象。闻一多之后，不少学者也都认为龙的原型是蛇。

还有龙的原型是鳄鱼的说法，最早提出龙的原型为鳄鱼的是中国古史专家卫聚贤。他在1934年出版的著作中说“龙即鳄鱼”，一些外国学者也认为龙是鳄鱼。

此外，还有人认为龙的主干的基本形态是蛇、蜥蜴和马，有的则认为龙是从闪电或彩虹演化而来。

附三：

“青龙、白虎、朱雀、玄武”的一些常识简介

东之青龙，西之白虎，南之朱雀，北之玄武，中为黄龙。与金木水火土对应。青龙为木，白虎为金，朱雀为火，玄武为水，中央黄龙为土。中国古代天文学家把天空里的恒星划分成为“三垣”和“四象”七大星区。所谓的“垣”就是城墙的意思。“三垣”是“紫微垣”，象征皇宫；“太微垣”象征行政机构；“天市垣”象征繁华街市。这三垣环绕着北极星呈三角状排列。在“三垣”外围分布着“四象”，“东青龙、西白虎、南朱雀、北玄武”，也就是说，东方的星象如一条龙，西方的星象如一只虎，南方的星象如一只大鸟，北方的星象如龟和蛇。由于地球围绕太阳转，天空的星象也随着季节转换。每到冬春之交的傍晚，青龙显现；春夏之交朱雀上升；夏秋之交，白虎露头；秋冬之交，玄武升起。又有人总称为“四大神兽”。

青龙：青龙是中国古代神话中的天之四灵之一，源于远古星宿崇拜，是代表太昊与东方七宿的东方之神，东方七宿——角、亢、氐、房、心、尾、箕，而这七宿的形状又极似龙形，于八卦为震、巽于五行主木，象征四象中的少阳，四季中的春季。汉时谶纬学说兴起，它的象征含义又多了生机、甲乙、仁德，汉后道教将其吸纳为护法神，称孟章神君。《淮南子》卷三记载：天神之贵者莫贵于青龙。

白虎：在中国四圣兽中，另一个常常跟龙相提并论的就是虎，虎为百兽之长，它的威猛和传说中降服鬼物的能力，使得它也变成了属阳的神兽，常常跟着龙一起出动（云从龙，风从虎），成为降服鬼物的一对搭档。

而白虎也是战神、杀伐之神。白虎具有避邪、禳

灾、祈丰及惩恶扬善、发财致富、喜结良缘等多种神力。而它是四灵之一，当然也是由星宿变成的，在二十八星宿之中，位西方七宿——奎、娄、胃、昴、毕、觜、参，所以是西方的代表。而它的白，因是西方，西方在五行中属金，色是白的，所以它叫白虎不是因它是白色，而是从五行中说的。

朱雀：朱雀又可说是凤凰或玄鸟。朱雀是四灵之一，也和其他三种一样，它是出自星宿的，是南方七宿的总称：井、鬼、柳、星、张、翼、轸。朱为赤色，像火，南方属火，故名凤凰。它也有从火里重生的特性，和西方的不死鸟一样，故又叫火凤凰。

凤凰是神鸟，百鸟之王，古人说，雄的叫凤，雌的叫凰，以后凤凰合称，再以后，龙凤相配，凤便成了宫廷后妃的代称。根据神话传说，凤是由东方殷族的鸟图腾演化而成。《山海经·大荒西经》提到有一种五彩鸟，有三种名称，叫皇鸟、朱雀、凤鸟。

玄武：玄武是一种由龟和蛇组合成的灵物。玄武的本意就是玄冥，玄是黑的意思，玄冥起初是对龟卜的形容，龟背是黑色的，龟卜就是请龟到冥间去质问祖先，将答案带回来，以卜兆的形式显给世人。因此，最早的玄武就是乌龟，以后玄冥的含义不断扩大。龟生活在江、河、湖、海，(包括海龟)，因而玄冥成了水神；乌龟长寿，玄冥成了长生不老的象征；最初的玄冥在北方，殷商的甲骨占卜即“其卜必北方”，所以玄冥又成了北方神。

它和其他三灵一样，玄武位居二十八星宿之中，位于北方七星宿，即斗、牛、女、虚、危、室、壁。而古时候的人对玄武的解释有以下数种，玄武即龟。《礼记·曲礼(上)》云：“行，前朱雀而后玄武……”玄武乃龟蛇。洪兴祖《楚辞补注》：“玄武谓龟蛇，位在北方，故曰玄。身有鳞甲，故曰武。玄武为龟蛇合体，龟与蛇交。”

附四：

神话传说中的龙生九子图其中之一

龙长子囚牛

龙四子蒲牢

龙七子狴犴

龙次子睚眦

龙三子嘲风

龙五子狻猊

龙六子霸下

龙八子负屃

龙九子螭吻

附五：

建筑及器物上的龙生九子图形象其中之一

龙长子囚牛

龙四子蒲牢

龙七子狴犴

龙次子睚眦

龙三子嘲风

龙五子狻猊

龙六子霸下

龙八子负屃

龙九子螭吻

附六：

陶仗子龙山上的
龙生九子图

龙次子睚眦

龙三子嘲风

龙五子狻猊

龙六子霸下

龙八子负屃

龙九子螭吻

附七：

陶杖子龙山景区距相关城镇、公路距离表

景区名	城镇、公路名	距离（公里）
陶杖子龙山	青龙县城	70
	祖山镇	40
	秦皇岛市区	80
	承秦高速	58
	秦青公路	10
	三星口	10

附八：

龙山陶杖子景区线路图
行政村
片村
半身金佛
神龙洞
龙二子睚眦
猴王站岗
天鸡之冠
群龙守护(慈眉善目龙)
北天门
天外来石
大耳八戒
圣水泉(仙人含金砖)
送子观音
龙八子负屃（虎踞龙盘）
龙七子狴犴
神犬哮天
将军石(黑风洞)
王爷碑（龙六子霸下）
南天门（龙长子囚牛）
龙五子狻猊
龙三子嘲风
龙背逃难队伍
双龙守门
龙四子蒲牢 宽额头将军
公龙执勤
龙王安睡
龙眼通天
望龙亭
(停车场)
山神庙遗址
日本侵华运输路旧址
孙家岭
旭阳农家院
槐花林
龙九子螭吻
偏道沟
梨花园
秋子林
情侣松
柠椤树夫妻
迎客松情侣
蛤蟆石
梨树夫妻
二道长城
碾房
西沟
山杏林
倒挂长城
三姐妹农家院
铅锌矿旧址
马踏石
高丽碾子
张文生
农家院
张红梅
农家院
东沟
三道沟门
日本侵华岗楼旧址
周杖子水银矿遗址
陶杖子村口标识
李台子村

后　记

《青龙探秘——龙生九子守金山》一书编写创作历时近六个月，终告完成。回首此书创作历程，不同于一般书的写作，无论是资料的搜集、整理、加工，还是思路确定、标题提炼、谋篇布局，特别是大量图片的拍摄、搜集，传说、典故、习俗的收集加工、创作，其艰辛苦乐至今仍历历在目。

确立和创作《青龙探秘——龙生九子守金山》这一作品，既属偶然，又为积累。偶然，是因为被朋友推荐有机会到青龙陶杖子村考察旅游资源，为其编写旅游开发可行性研究报告。我为其神奇的地质奇观所震撼，为其神秘的少数民族历史文化所着迷，并产生了强烈的创作冲动，由研究报告改编创作成此书。因为深爱秦皇岛这片养育我的热土，故经常关注家乡的发展变化、美丽山河、丰饶资源、厚重的历史与多彩的文化。在创作完成《柳江国家地质公园》《抚宁后明山——垛加堡垒古林画》二书获得成功后受到了激励（《柳江国家地质公园》一书出版三年后，柳江国家地质公园区域环境发生巨变，《抚宁后明山——垛加堡垒古林画》一书又引起区委主要领导高度重视，目前开发建设已起步），此为积累。随着国务院出台《关于加快旅游业发展的意见》，河北省旅发大会召开，党的十九大会议闭幕后，各地争相发展旅游业，市委市政府从市情出发，适时确立大力发展旅游业，目前已把秦皇岛北部山区柳江国家地质公园区域建成秦皇岛的后花园，乃至延至其他县区，以促进秦皇岛市旅游业的大发展大繁荣。为了贯彻实施这一战略，也为建设美丽秦皇岛贡献一份自己的微薄力量，我与秦皇岛市农工委驻青龙陶杖子扶贫工作队一起，就青龙陶杖子区域的旅游资源进行挖掘、研究、加工、整理，并附以珍贵图片、诗歌予以佐证，以增强其作品的深度、广度和可信度。

青龙满族自治县地处深山区域，县域旅游资源丰富，目前处于未发现和待开发中，三星口乡陶杖子村就是其中之一。在此书考察编写、创作过程中，我偶然发现青龙满族自治县在历史上的“辽、金、元”三朝时期，名为神山县（龙山县），三皇五帝时，东青龙、西白虎、南朱雀、北玄武中的“青龙”恰巧与青龙满族自治县的“青龙”相吻合，而“青龙神”是否下凡在陶杖子的龙山（神山）上气势磅礴、浩浩荡荡的“龙队”中，我只是根据史料、方位、景观特征，客观描述，主观判断，目前尚无定论，仍是未解之谜，还需进一步探讨。传说中的“龙生九子”形象逼真地出现在“龙群”中，这一偶然的重大发现是天意还是巧合无不令世人大开眼界、叹为观止，青龙满族自治县的神秘面纱将被揭开，现实版的“天方夜谭”将会展现在世人面前。这将会为青龙满族自治县的文化旅游业的大发展、大繁荣注入新的生机与活力；为秦皇岛市青少年了解家乡、热爱家乡、建设家乡、建设美丽中国提供珍贵的地方乡土教材。随着此书的出版发行及媒体的广泛推介宣传，相信在可预见的将来，青龙陶杖子龙山区域必将成为驰名全国、走向世界的精品旅游强区，必将成为区域经济战略性、支柱性产业承载地。

在此书考察、编写、创作过程中，青龙满族自治县《青龙河》执行主编张保学先生在百忙中提供资料，秦皇岛市农工委驻陶杖子扶贫工作队队长杨书信先生给予大力支持，陶杖子村村民董万章先生热心地为我作向导，同时，在本书编写创作过程中，曾经请教《中国国家地理》杂志社地质专家，参阅《青龙满族自治县志》、《青龙瞎话儿》、网络资料、驻村工作队的宣传资料《金屏山随记》等，在这里一并表示深深的谢意。

因受自身条件、知识结构、专业视野等诸多局限，书中缺点和错误在所难免，书中所涉及的现实版的龙形与神话传说版龙形有的形似，有的神似，有的形神兼备，也有的不完全相似。敬请领导、专家学者、读者朋友们批评指正。

柳儒田

2019 年 5 月

柳儒田，男，汉族，1957 年 8 月出生，河北省抚宁区（原抚宁县）人，本科文化。

1978 年参加教育工作，1990 年 8 月调入中共抚宁区委党校，从事理论教学至今，现任教研室主任，高级政工师，区委特邀研究员。2004 年被河北省委授予“优秀宣讲干部”，多年来深入基层实地调研，撰写多篇调研报告并被区委多次采用，在省、市、区征文、理论研讨、科研成果评奖活动中，多篇作品获奖，多篇文章在报纸、杂志发表。

2011 年开始着手撰写《柳江国家地质公园》研究报告，引起区委主要领导高度重视。该调研报告在 2013 年秦皇岛市第十三届人民代表大会上被抚宁区人大代表团作为议案提出，并荣获 2014 年中共河北省委党校系统第九届优秀科研成果一等奖。不仅赢得两届区委主要领导的高度评价与支持，而且赢得市委主要领导的高度评价与支持。三年后，书中所涉及区域环境发生巨变，已建成秦皇岛市北后花园。2019 年《抚宁后明山——垛加堡垒古林画》出版后，又赢得区委领导的高度重视，目前已开发建设这一区域。